十九世紀小號演奏風格研究

鄧 詩 屏 著

文 史 哲 學 集 成
文史哲出版社印行

國家圖書館出版品預行編目資料

十九世紀小號演奏風格研究 / 鄧詩屏著. --
初版. --臺北市：文史哲，民 103.11
　　頁：　公分（文史哲學集成；664）
　　參考書目：面
　　ISBN 978-986-314-223-2（平裝）

　　1. 小號　2. 演奏　3. 樂評

918.604　　　　　　　　　　　　103021142

文史哲學集成　664

十九世紀小號演奏
風格研究

著　　者：鄧　　　詩　　　屏
出版者：文　史　哲　出　版　社
http://www.lapen.com.tw
登記證字號：行政院新聞局版臺業字五三三七號
發行人：彭　　　正　　　雄
發行所：文　史　哲　出　版　社
印刷者：文　史　哲　出　版　社
臺北市羅斯福路一段七十二巷四號
郵政劃撥帳號：一六一八○一七五
電話 886-2-23511028・傳真 886-2-23965656

實價新臺幣三六○元

中華民國一○三年（2014）十一月初版

十九世紀小號演奏風格研究

目　　次

緒　　論

　　西洋音樂史的風格演變，並非只是一條由簡易入艱深，由單純入繁複的直線道路，因此，甚難以一個簡明的敘述或是單一的概念加以界定。音樂藝術始終與人類文明的發展軌跡互動，也受到時代氛圍與社會底蘊的影響，諸如宗教、政治、時尚或娛樂方式，都可能影響音樂風格產生各種微妙變化。筆者認為，對於特定時代、特定地域的音樂藝術發展進行研究，勢必觸及其整體社會文明多層次議題之探討與分析，其工程實可謂暨深且廣，但是，若以特定樂器之演奏風格演變發展加以關注與探討，則無寧是一見微知著的途徑，在積少成多之後終可梳理出更為清晰的脈絡，從而形成更清楚的藝術風格演變歷程。

　　筆者從事小號演奏工作多年，深感小號擁有深遠的歷史，鮮明的音樂性格，而更難得者，則是小號的形制、演奏風格與藝術內涵，在每一次時代轉折或風格演變的契機之中從不缺席，總是能夠產生相對應的變化，其發展路徑雖非直

線，卻相對清楚明確。筆者認爲研究小號演奏在一特定時期
與地區性的風格演變，確實是一種深具價值的研究途徑，可
以爲音樂藝術風格的多層次研究提供有力線索。

　　筆者拙作《從巴哈到海頓時期的小號演奏風格演變》一
書之第二章「小號的歷史」之中，曾簡短的提到十九世紀的
小號演奏風格，其內容僅僅點到爲止，並未深入探討與介紹，
因爲該書之研究範圍及主軸畢竟在於巴洛克與古典時期之小
號演奏風格研究，因此對於工業革命之後樂器的演變著墨極
少。有關浪漫時期的書寫計畫，正是筆者在《十九世紀小號
演奏風格研究》中研究的主軸，筆者希望將研究範圍聚焦於
十八世紀末期至二十世紀初期在歐洲主要文化區域產生的文
化思潮、社會運動與音樂藝術的聯繫，以小號此一樂器之演
奏風格演變爲研究途徑，展現其中部分內涵，期待此一研究
方向可以爲千頭萬緒、浩如星海的音樂藝術風格研究領域奉
獻微薄心力，並提供若干有用處的參考資料或觀點，則筆者
之心願足矣。

研究動機

　　筆者在二十餘年的職業小號演奏經驗當中，發現在現今
二十一世紀初的時代裡，室內樂或管弦樂團的正式音樂會，

其所安排選擇的曲目十有八九都是以十九世紀作曲家的作品為主。這種現象的原因其實可以理解；早於十九世紀的古典音樂；如文藝復興或巴洛克時期的音樂，無論在風格的考證、樂器編制方面都需極深的古樂素養方能成功演出，而觀眾的欣賞能力與專業鑑賞能力門檻也不低。而古典時期的作品如海頓（Franz Joseph Haydn，1732~1809）、莫札特（Wolfgang Amadeus Mozart，1756~1791）或貝多芬（Ludwig van Beethoven，1770~1827）的音樂雖仍是極受歡迎的一線作品，但以現代普遍興建的大型音樂廳動輒千人以上的座位規模而言，古典樂派的作品在大型交響樂團露面的比例著實不算高。至於當代音樂作品則仍難出頭，除極少數現代樂派作曲家如斯特拉汶斯基（Igor Stravinsky，1882~1971）、梅湘（Olivier Messiaen，1908~1992）與布列茲（Pierre Boulez，1925~）的作品仍不時獲得樂團音樂總監們的青睞之外，大多數的當代作曲家仍在為推廣當代音樂的觀眾群而努力之中。

　　十九世紀的音樂作品為何能成為現代大型音樂演出票房長勝軍？這個問題所牽引的面向千頭萬緒，似乎無法輕易解答，然而答案卻又隱隱然呼之欲出。是否十九世紀的音樂訴求為聽眾帶來了宗教的救贖？愛欲的糾結？思鄉的愁緒？或是雲淡風清的回憶？還是我們可以說，以上全是也全都不

是！無論答案為何，十九世紀音樂擁有強大的故事性與情緒感染力的事實則無庸置疑。

　　十九世紀是大發現之後的大爆發時代，工業革命（Industrial Revolution）、殖民主義（Colonialism）、新的經濟市場與各種新的社會思潮，在混亂之中夾帶著巨大的推動力，此時的音樂藝術正好反映這時代的一切。異國文化（exotic culture）、民族主義（Nationalism）、寫實主義（Realism）都成為音樂強有力的元素，這種強大的情緒推力與情感外放的音樂訴求擁有很強的感染力自不待言。而且，十九世紀音樂的強項還有範圍廣、選擇多、規模龐大等等因素，來自不同國家、民族與文化品味的音樂作品充滿了這個時代。

　　筆者認為，在十九世紀音樂這個極為廣泛的題目之中，可以先先研究探討一些較小的命題，若能在無涯學海之中找到一絲方向，得到一絲確信，那也是巨大的收穫。經由研究筆者熟悉的樂器在演奏風格上的演變，探討十九世紀音樂藝術風格的脈絡，正是本書探討研究的動機。萬盼此文拋磚引玉，並能仰承諸先進斧正指教，使筆者在研究工作上能有寸進之功，又使本文稍具參考價值，則筆者不勝感荷之心。

研究範圍

　　《十九世紀小號演奏風格研究》全文之研究範圍是以小號演奏作品在獨奏、室內樂與管弦樂作品中呈現的風格演進爲核心。探討的層次包括樂器製造的進步與演變、小號演奏語法的轉變以及小號在配器法方面的新思維等等面向。涵蓋的時空背景由十八世紀末的維也納到二十世紀初的整個歐洲地區，海頓之後的古典樂派繼承者，浪漫樂派的建立者，乃至印象樂派、國民樂派之開創者等等，皆在本文當中提供研究的線索與比較的範例。

　　至於二十世紀當代音樂的重要發展與思維，例如新古典主義、十二音列或無調性音樂等創作類型則並未納入本文探討的範圍之中。此外，除歌劇作品之外，通俗或流行劇場音樂亦非本文研究之標的。

　　筆者在本文中所研究範圍之橫切面是頗爲寬廣的，橫跨了歐洲社會變動最劇烈的一百年，但在縱切面上，則限制於很窄的一條線索，亦即小號此一銅管樂器之演奏風格演變之上。筆者期望，以聚焦的方式研究明確的證據，以便得到較爲清晰與較有價值的成果。

研究方法

筆者在架構《十九世紀小號演奏風格研究》的研究重心上，乃試圖以三個支柱為主軸。首先，是以十九世紀音樂史所記載、分類與分析的各式資料與內涵出發，在研究材料中標示出它們與同時代的社會文明變遷或人文思維互相影響的可能性，其範圍應是較為廣泛的，主要是以時代為基礎而不刻意限於特定地區。

其次，筆者由小號在樂器學上的發展演變為工具，尋找小號在十九世紀當中所發展的性能、力度、與音色上的不同，並且探討上述演變如何與十九世紀作曲家的語法思維結合的成果。

第三個研究重點，則由藝術美學的角度探討小號音樂在十九世紀音樂的發展史上如何呈現出新的風貌？而此種演變又有何種可能啟發出不同的音樂風格？此一較為抽象的研究方向，當然必須由堅實的基礎材料出發，以免流於妄議，然而此一美學價值上的描述工作，卻是筆者心目當中認定的研究核心，也希望能夠透過上述研究方法所鋪設的主軸，獲致深入探討十九世紀小號演奏藝術的風格演變的成果，並進一步深思其中更深刻的美學意涵。

第一章 銅管樂器在十九世紀的大改革

　　筆者在第一章所研究的面向是以樂器學與配器法方面的觀點來探討銅管樂器家族在十九世紀當中產生了哪些主要的變化，發生了哪些重要的改革，這個部分對於小號演奏風格的演變至關重要。

　　在探討十九世紀社會的變遷與藝術風格的起落之前，應該也有必要先對銅管樂器的相關歷史進行相關了解，可以對後續的研究做好基礎工作。

　　銅管樂器家族是歷史久遠的產物，最早被納入音樂殿堂的銅管樂器是法國號（號角）系列的樂器，其次，在十五世紀，長號也加入了音樂的行列，而小號由室外用途走入室內演奏的時間則更晚一些，是最後被馴化的樂器。在探討十九世紀銅管樂器的大改革之前，也會回顧它的歷史與軌跡，以期建立全面的清楚概念。

第一節　十九世紀之前銅管家族發展概述

小號是古老的銅管家族重要成員之一，在研究十九世紀小號演奏風格的演變之前，必先追本溯源，重新溫習在十九世紀之前銅管樂器家族的發展簡史，爲稍後的探索打好基礎。

在銅管家族中出現最早的成員是今日法國號的前身自然號，自然號則源起於海螺、獸角一類的大自然材質發聲工具，這一類的原始發聲工具嚴格來說並不能被稱爲樂器，而是較爲接近儀式性的法器，或是傳遞信息的工具[1]。

直到人類的文明進入運用金屬製作器物的時代，人類可以藉由運用延展性強的金屬製作長度更長的號角類樂器，其外型與音色與獸角或是海螺雖然仍屬於同一系統，但是長度的增加，也使得號角的泛音系列更完整，並且得以演奏更多的音與更寬廣的音域。此一重要的發現使先民在銅管樂器的製造與運用上得到重要的進展，加長管身長度可以得到更低更廣的音域，反之，則得到較爲直接且明亮的音色。一段時間之後，另一個發現也被證明了，號角的管身粗細與圓錐狀

---

1 參閱 Don Michael Randel，《The New Harvard Dictionary of Music》，The Belknap Press of Harvard University Press・London，England 1986. p.107.

的放大比例對音色與音量影響非常大，經由這個發現，小號的誕生終於來臨。

　　瞭解了銅管樂器的源起乃是由圓錐管號角家族開始的事實，就可以明白小號所屬的圓筒管喇叭系列銅管樂器並非大自然的產物，而是人類由經驗中實驗與學習而來的思想結晶。在二十一世紀的今天所常見的銅管樂器家族，仍然可被區分為圓錐管系統以及圓筒管系統這兩大類。其中，法國號與低音號屬於圓錐管系統，而小號與長號則皆屬於圓筒管系統[2]。

　　顧名思義，圓錐管系統樂器起源於最原始也最自然的圓錐狀的海螺、牛角、中空獸骨之類的自然材質，其共鳴管腔是由窄而寬，逐漸放大的，音色特別雄渾、溫暖。而圓筒系統樂器則是由人為工藝巧製發明而來，其共鳴管腔之內徑絕大部分是寬窄相同的，而它的音色是投射力強、明亮有力的。

　　上述的銅管樂器演變發生得非常早，根據古物出土的證據顯示在埃及、希臘或羅馬的文明遺跡之中都找到金屬或象牙製成的銅管樂器，不僅有圓錐管號角類樂器，也包含圓筒管系列的喇叭，造型多具有創意，推測為君王儀仗或宗教儀

---

2 參閱 Philip Bate，《The Trumpet and Trombone：An Outline of Their History、Development and Construction》，2nd edition．New York： Norton，1978. p.4–6.

式用途爲主。

　　儘管銅管樂器的運用與製作在人類文明史上發生的如此
之早，但是銅管樂器在外型與製造原理上毫無變化地維持了
很長的一段時間，一直到西元十五世紀文藝復興時期，銅管
樂器家族在新的音樂風格浪潮中迎接了一次重大變革。例如
圓錐管的高音銅管樂器「木號」（cornetto），以在管身上鑽
孔的方法吹奏自然泛音系列以外的音階，這種樂器奏出的效
果確實具有旋律功能，但在運作上並不容易操控，音量與音
準皆不甚理想，因此「木號」這種樂器屬於一種過渡性質的
發展，在巴洛克時期已不再被使用，沒能成爲一種長存的風
格[3]。

　　「長號」在十五世紀的發明是一件大事，它的運作原理
是以精密的雙層套管做爲管身的主要部分，再由樂手的手臂
動作推拉改變管長，進而達到改變基礎音的目的，如此便可
吹奏出完整的半音階了。這是一種十分高明的方法，尤其適
合中、低音域的銅管樂器，無論在音準、音量與音色上都能
達到很高的水準，因此長號的伸縮套管結構一直與時俱進，
從未落伍，並得以長存。

---

3 參閱 Don Michael Randel，《The New Harvard Dictionary of Music》，The
　Belknap Press of Harvard University Press・London，England 1986. p.203.

　　由獵號與郵號逐步發展而來的「法國號」也在十五世紀走入室內演奏，成爲高貴溫暖的音色象徵，它的管身加長了，號嘴加深，因此音域更廣，表現力也更強。

　　在十九世紀之前，「自然小號」的外在變革是最少的，除了因應調性的需要而有各類管身長度的變化之外，自然小號的音色與音域並無改變，文藝復興時期木號短暫的搶走了一些自然小號的鋒芒，但是木號與自然小號的樂手原本就是同一批人，本就無妨，更何況木號消失於歷史舞台之後，自然小號仍活躍了三百年。自然小號的式微，是在十九世紀之後才發生的事。

　　小號在十九世紀之前的演奏風格，在樂器製作沒有革新的情形之下，卻依然有很大的變化。其主因在於作曲家創作的藝術需求，以及樂手在吹奏技巧上的突破。本來自然小號的演奏領域就被限制在自然泛音系列的範圍之中，並沒有吹奏較複雜旋律的能力，這也是文藝復興時期木號出現的主因。但是木號的音色界於號角與木管樂器之間，並不具備自然小號的音色特質，因此，木號被視爲不同於小號的高音旋律樂器，無法取代自然小號既有的角色。進入十七世紀之後，歐洲音樂風格進入數字低音時代，音樂風格非常重視高音旋律線的鋪陳，無論是小提琴，高音木管樂器或是人聲的表現

力都發揮到了極致，自然小號的演奏技法也受到十七世紀華麗繁複風格的影響，產生了新的華彩高音吹奏法（Clarino），可以成功運用這種演奏法的小號樂手，能夠在第四或第五泛音系列演奏同調性音階，也就意味著他能夠掌握演奏旋律的能力，而演奏音階的能力則意味著登上成功的階梯，在十七、十八世紀的時代風格裡扮演重要的角色。在巴洛克時期，這種超技高音吹奏法傳遍歐洲，真正精通此技法的樂手或許並不多見，但已足夠讓作曲大師將之納入音樂語言之中。例如義大利地區的維瓦第（Antonio Vivaldi，1678~1741）、柯瑞里（Arcangelo Corelli，1653~1713）、塔替尼（Giuseppe Tartini，1692~1770）等作曲家，英國的大師普賽爾（Henry Purcell，1659~1695），德國的大師巴哈（Johann Sebastian Bach，1685~1750）、韓德爾（Georg Friedrich Handel，1685~1759）、泰雷曼（Georg Philipp Telemann，1681~1767）等作曲大師，皆不約而同的為小號譜寫了不朽的篇章。巴洛克時期的確是小號（自然小號）的黃金時期，並非來自樂器的改良或革新，而純粹是透過樂手的自我提升與作曲家的慧眼識英雄，共同為小號創造了一個輝煌的時代。在巴洛克時期，小號的地位是銅管樂器家族裡一枝獨秀的。法國號的鋒芒遠遠不及，長號僅位居數字低音的一員，偶爾在宗教音樂

裡扮演伴奏的角色，木號則已經退出舞台，唯獨小號經常擔綱獨奏重任，並且在歷史上留下許多經典作品[4]。

　　然而小號的光輝時代並未持續下去，在十八世紀中葉以後，小號的重要性已大爲褪色，主要原因是巴洛克風格的過時與消失，取而代之的新風格強調的是均衡、節制、與典雅，自然小號在超高音域上的華彩獨奏已無用武之地，作曲家既然已不再譜寫小號協奏曲，那麼艱深的超技高音吹奏法自然很快就失去了舞台。奧地利大師海頓（Franz Joseph Haydn，1732~1809）晚年爲他的朋友－宮廷小號手魏汀格（Anton Weidinger，1767~1852）譜寫《降 E 大調小號協奏曲》（1796）之前，歐洲大陸已有半個世紀未見作曲家爲小號創製協奏曲了，小號之備受冷落可見一斑。小號在古典時期，幾乎失去了所有的獨奏舞台，幸好它仍然是管弦樂團不可或缺的成員，作曲家仍然相當器重小號的聲音特質，只是不再將小號視爲裡想的獨奏樂器。

　　在十八世紀末古典時期，所有的木管樂器如長笛、雙簧管、低音管以及較晚加入行列的單簧管都普遍受到歡迎與重用，作曲家紛紛爲它們量身訂製協奏曲，讓它們充分揮灑自己的特色。銅管樂器家族當中的法國號，也藉著新發展出來

---

4 陳錫仁，《小號演奏藝術研究》，台北 樂韻出版社 2008. p.30–32.

的「手塞音」（hand stopped）技巧增進了自己的表現力，因而擠身於受作曲家青睞的獨奏樂器行列，大放異彩。長號由宗教合唱伴奏樂器的地位，逐漸進入管弦樂團，成為不可或缺的角色。

小號在十八世紀晚期光輝不再的情形，並未藉由海頓所創作的小號協奏曲而得到扭轉，儘管海頓大師的創作是一首絕對的經典傑作，然而，魏汀格所使用的「按鍵式小號」（keyed trumpet）並未成功，也沒有普及化，換言之，「按鍵式小號」是一種失敗的改良作品。海頓的音樂成功了，但是小號的改良並未成功，小號的實質表現力並沒有提升。

然而小號音樂地位的再一次翻轉終將來臨，它的轉捩點就是十九世紀銅管樂器的革新所帶來的改變。

第二節　十九世紀歐洲銅管樂器的革新

十九世紀在歐洲大陸產生的銅管樂器革新對於音樂創作風格的影響極為巨大，而此一樂器革新的發軔基本上並非來自作曲家在配器思維或音樂內容方面產生了什麼強烈的變化，以致於對樂器的製造產生了不同的要求所致。當然，筆者相信任何一個時代都有音樂家對樂器的性能與極限擁有無

限的想像與新期待，然而，十九世紀銅管樂器的新面貌實在太先進，太完美（事實如此）而且發展相當出乎音樂界意料之外，因此它可以被形容爲革命性的進展也不爲過。

　　以下簡單描述十九世紀銅管樂器的革新，基本上就是以有效的機械裝置（通常是活塞或是轉閥）連結調音管後安裝在自然小號或自然號的管身之上，藉由活塞或轉閥的靈活操作，可以快速地加長管身或是回復原狀，其改良結果就是小號與法國號可輕易在完整音域上演奏半音階。

　　在筆者進一步詳述說明這一段重要的銅管發展歷史之前，有必要先解釋活塞、轉閥與調音管運作的原理與來龍去脈，探討它們優美、簡單且有效果的運作方式。

　　前文提到，人類很早就發現不同的管長會產生不同的泛音系列，千百年來，如何改變銅管樂器的管長就一直是樂器製造者最關切的議題。以自然小號爲例，若是吹奏一首 D 調的樂曲，就必須使用一把管身長度剛好可以吹奏出以 D 爲基礎音的自然小號，方能吹奏出符合樂曲調性的自然泛音系列。因此，若是演奏的曲目改爲 F 調，樂手就必須攜帶以 F 音爲基礎音的樂器方能符合所需。依此類推，不難瞭解這樣的情形是多麼的不方便，樂手總不能隨身攜帶六、七把樂器以備不時之需！因此，樂器製造商便發明了調音管來因應上

述情況，以一把樂器配上許多可隨時替換的調音管，無論樂曲的調性如何轉變，樂手都可以快速的轉換樂器上的調音管以符合所需。如此一來，樂手只需攜帶一把樂器，再多與備幾套不同調性的的調音管，就可以應付演奏的需求，十分輕省方便。在十九世紀之前，小號與法國號均仰賴此一方法。至於長號則由於系統不同，因此不在此限[5]。

　　然而活動式調音管只解決了自然號快速轉調的問題，仍然無法解決它們不能吹奏旋律的問題。相較於木管樂器家族的旋律吹奏能力，銅管樂器在十九世紀之前與之相比簡直是相去不可以道里計，面對此一缺憾，多少理論家、音樂家、能工巧匠都竭力試圖找出解決方案。例如十五世紀的木號，以仿自木管樂器的按孔系統，可以成功吹奏約一個半八度的音階，此一嘗試風行百年但以失敗收場。十七、十八世紀小號演奏家發展超技高音演奏法，加上整個歐陸優秀作曲家的精彩創作，讓自然小號在高音域吹奏旋律（其音域與當時雙簧管的最高音域相當），開創了小號的黃金世代。但此一超技高音演奏法在古典時期消失無蹤，古典時期作曲家也對這樣的表現方式失去興趣，使它全面失傳。十五世紀伸縮長號

---

5 鄧詩屏，《從巴哈到海頓時期的小號演奏風格演變》，台北 文史哲出版社 2008. p.39–42.

的發明，讓中低音的銅管樂器得以完整且靈活的吹奏全音域的半音階，此一伸縮雙套管機制的發明非常優秀，不僅傳承至今而且發揚光大，堪稱是極成功的改革發明，然而這僅僅造福中低音銅管樂器（圓筒型式），無法應用於小號與法國號等中高音銅管樂器上。法國號也在十八世紀晚期成功地發展出手塞音的演奏技巧，以手掌與號口的閉合程度改變音高，達到吹奏音階的目的，此方法僅為權宜之計，並無法解決音質不統一與音準不佳的問題。至於十八世紀末在維也納製作的按鍵式小號，則是模仿木管樂器的半機械式閉孔系統為基礎完成的樂器，可以吹奏半音階，但是音質不平均，音準也不理想，因此並未留傳下來。然而，這種按鍵式閉孔系統應用在低音蛇型號（serpent）上的效果還不錯，儘管如此，蛇型號也沒有繼續留傳下來[6]。

　　為了良好的解決銅管樂器（長號除外）無法演奏完整半音階這個問題，小號與法國號必須參考長號的成功之處，如何有效的改變管長且不會影響音質成為成功的關鍵。

　　活動式調音管可以移調，音質也不受影響，但是缺乏效率，無法快速轉換，根本緩不濟急。按鍵閉孔系統已證明不

6　參閱 Emilie Mende and Jean Pierre Mathez，《Pictorial Family Tree of Brass Instruments in Europe》，Bulle，Switzerland，Editions BIM，1978. P.59–63.

適用於銅管樂器，因爲會導致音質與音準不佳的問題。至於長號的伸縮雙套管方式則並不適用於小號，音爲小號的音域高，泛音間隙很窄，伸縮套管的動作無法如此快速而精準的運作，而法國號則屬圓錐管系統樂器，根本無法安裝圓筒式的雙套管。

活塞（piston）與轉閥（rotary）裝置的發明進步，爲銅管樂器的改革提供了沃土。所謂活塞運動，乃指活塞本體與套缸之間垂直的運動模式（類似針筒或水槍），而轉閥運動，則指活閥本體與套缸之間水平的運動方式（類似車輪或風車軸承），十八世紀晚期歐洲的工業革命，大幅地改進了動力系統與工具的精密度，例如以蒸汽機爲動力來源，以活塞傳遞動力，以轉閥帶動齒輪，可以輕易的推動火車。機具的進步製造出更精密的工具與零件，以上種種皆爲樂器的改良革新創造了良好環境。

西元 1814 年，第一組活塞被連接到自然小號的管身上，以金屬彈簧爲動力的活塞被按住則可連接一段額外加長的調音管，放開活塞則彈簧的彈力立刻將活塞送回原位，並同時封閉調音管通道。這個設計簡單明快，可以迅速連接或封閉外加的調音管，方便在兩種調性之間快速來回[7]。當然，聰明

---

7 陳錫仁，《小號演奏藝術研究》，台北 樂韻出版社 2008. p.42–45.

的設計師立刻就發現，若是同時安裝兩組活塞且分別連接不同調性的調音管，將可以利用活塞的不同組合而產生四種組合，分別是一：完全不按活塞。二：只按下第一活塞。三：只按下第二活塞。四：同時按下第一與第二活塞。上述四種組合表面上的意義只是一種排列組合的可能性而以，但是若考慮到不同的調音管所代表的調性關係，那麼這些不同的組合方式將具有很強的音樂上的意義，在 1814 年之後，活塞與轉閥的實驗進行了很長的時間，最終的解決方案必須兼顧兩個重點才算成功，第一：機械裝置不宜太重，且操作不可複雜。第二：可吹奏全音域半音階，且音色平均。

　　小號的設計方案巧妙地兼顧了大多數人的要求。首先，設計者必須處理自然小號的管長問題，因為十八世紀自然小號的管長約等於長號的長度，這代表自然小號與長號的基礎音是一樣低的音，差別在於小號管身窄、號嘴淺，且多使用第三與第四泛音系列的高音域。十九世紀引進新的活塞系統，首先就必須將小號的長度減少一半，由二點八公尺縮短至一點四公尺，如此一來將基礎音提高了一個八度，更符合小號慣用的音域，並且縮短了調音管的長度，重量銳減且操作更方便。其次，設計者必須決定活塞的數目以及外加調音管的長度（調性）。這兩個問題是互為表裡、息息相關的，

一組活塞太少，兩組活塞不足，而四組活塞則嫌累贅，三組活塞正好夠用而且重量適中。再回來探討外加調音管的長度（調性）問題，由於小號的長度已經減半，基礎音提高了一個八度，小號的常用音域已降至第二與第三自然泛音系列，而不再是自然小號慣用的第三與第四泛音系列了，因此，設計者僅需考慮主音到屬音的組合方式即可，由於任何調性的主音到屬音的半音階都僅有七個半音，因此設計者僅需在三組活塞上分別加上低於基準音小二度（半音）、大二度（全音）與小三度（全音加半音）三種長度的調音管即可涵蓋所有需要的組合。至於屬音到上方主音的組合方式，正好被屬調完美的涵蓋了。

　　上述的改良設計方案在同一時間也應用到法國號、短號、上低音號與低音號，雖然，今日看來此一改革的優越性早已無庸置疑了，但是它並未獲得立即的成功，一般認為直到 1850 年左右，它的價值才被音樂界普遍地接受，十九世紀上半葉的銅管樂器改革，與之前千百年的改革十分不同，活塞（轉閥）樂器可以輕易地演奏全音域半音階，並且音色與音量平均，它達成了前人的理想。

第三節 新舊並陳的配器思維

　　探討小號在實體上的革新過程，有如重溫一次音樂史的發展進程，在每一次潮流的轉變或是風格的更替時，小號的演奏訴求便也隨之演變，小號絕非以不變應萬變的樂器，它的面貌是與時俱進（或是俱退）的，但是，十九世紀上半葉的銅管樂器家族革新，確實完成了幾個根本改革目標。而這一個非凡的成功，其影響力也是跨時代的。事實上自十九世紀之後，人類的科學文明進步神速，往往能在彈指之間解答過去千百年無法解開的難題，無論是交通工具、電力系統或是科學計算能力皆是如此。然而，在人文思維、哲學思辯乃至美感品味方面，則不太可能期待一日千里的轉變，或是昨是今非的立場轉向，因為人類的內在情感認知與品味格調乃是長時間方能養成，與機械、數字或科技的快速學習方式大不相同，人的藝術品味建立在長時間的學習、辨認與堅持的精神之上，與數字、效率或方便性無關，也就是說，一位擁有某種學術認知與藝術品味能力的人士，應該不會輕易地屈服於眼前的好處，更不容易被簡化的效益說服，他更在意的是自己在藝術美學上的品味與堅持，即使付出更多代價也在

所不惜。

　　在探討十九世紀小號演奏風格的工作上，最先遇到的問題，就是十九世紀的音樂思維是新舊並陳的，無法以明確的分野來切割這一個時代，浪漫派音樂的發端與古典風格音樂同時並存了幾乎一百年，交響詩的概念與四樂章古典格式交響曲共存了五十年，歌劇、樂劇與大型宗教作品各有追隨者。確實，十九世紀的音樂藝術潮流雖然在百變之中有著不變，可是在不變的堅持之中其實內涵早已經悄悄轉變。在本文之後的章節裡筆者會嘗試更詳細的分析同時期作曲家的相同與相異之處，而在此處筆者則將篇幅聚焦在探討小號與其他銅管樂器在多變的十九世紀所發展出來的幾個方向。

　　自然小號是歷史悠久的樂器，在 1814 年活塞與活閥式的新型設計問世之後，自然小號並未很快的遭受淘汰命運，事實上，它仍代表著一種獨特的品味且仍受到許多作曲家的重用，舞台生命一直延續到十九世紀末。這種現象至少說明了兩件事，第一：當時自然小號的獨特性無法輕易被現代小號取代。第二：十九世紀時古典風格的潮流仍然強大。

　　前文有關十九世紀銅管樂器的改革歷程，容易使讀者產生一種 "自然小號比不上現代小號優秀" 的印象。當然，從二十一世紀的眼光看來，現代小號活躍於所有的音樂類型，

舉凡爵士或通俗音樂、古典與現代音樂或者是軍樂隊與管樂
團，都是現代小號活躍的舞台，而上述之每一種音樂型態，
顯然都沒有自然小號可立足的空間。以今日的音樂潮流、市
場與品味來看，自然小號早已遠離主流，現代小號的優越性
是無庸置疑的了。

　　但是，若以十九世紀初期主流音樂潮流與品味觀之，自
然小號與現代小號孰優孰劣並不能斬釘截鐵的判斷，即使承
認現代小號的音樂潛能無與倫比，也不可能否定自然小號的
獨特性與難以取代的地位。什麼是自然小號難以取代的的獨
特性？答案就是音色。

　　十九世紀自然小號與十七、十八世紀的樂器一脈相傳，
不僅長度一致，運用的泛音系列一致，音色也是一致的。這
是一種樸素、溫暖的音色，也是一種激昂之中仍有歌唱性的
音色，最重要的是，它是一種傳唱數百年的傳統音色。即使
改良的樂器已經出現，豈有可能一夕之間切斷固有的傳統？
貝多芬（Ludwig van Beethoven，1770~1827）晚年已見識過
新一代銅管樂器（雖然不見得聽得見），但大師不為所動，
從未放棄自然小號與自然號的配器角色，僅在第九號交響曲
第三樂章放入一段為活閥法國號量身訂製的獨奏（第四部法
國號）則是美麗的例外。德國三 B 之中最晚期的一位是布拉

姆斯（Johannes Brahms，1833~1897），儘管其創作橫跨至十九世紀末，然而他終其一生從未使用自然小號（自然號）以外的樂器。布拉姆斯是公認的十九世紀浪漫派作品大師，他在品味與風格上的堅持卻比早一甲子離世的大師貝多芬更念舊保守。

　　探討至此仍未完全說明到底自然小號的音色特質為何與現代小號不同，並且對於此種特質為何對十九世紀維也納樂派音樂品味如此重要也尚未說明。因此筆者在此繼續深入探討自然小號音色特質的成因與價值。首先，經由前節的說明，可以了解自然小號的管身長度是現代小號的兩倍長，例如，現代降 B 調小號的官身長度約為一點四公尺，而自然降 B 調小號的管身長度則約為二點八公尺，因此自然小號的基礎音足足比現代小號低了一個八度。古典時期的自然小號經常運用的主要音域範圍是第三與第四泛音系列，而現代小號經常運用的音域範圍是第一、第二與第三（高明的樂手可吹奏部分第四泛音系列），藉由活塞與調音管的幫助，現代小號在任何一個泛音系列上都可以演奏半音階，而自然小號僅能在第四泛音系列上吹奏音階，在音階演奏的旋律性表現的方面，現代小號不僅可以在全音域吹奏音階，更具備了重要的移調能力，因此現代小號全面勝出。然而在音色的表現方面，

現代小號的輕薄短小，恐怕就表現不出自然小號的凝重沉穩、溫暖敦厚的特質了，因爲自然小號管身長，樂器重量大，基礎音低沉，在在都使它在吹奏上透出沉穩的特質，這種特質並非現代小號的明亮與靈活所能輕易取代的。

　　探討過十九世紀自然小號的音色特質之後，更容易接近下一個問題的答案了，爲何諸多十九世紀大師寧願捨棄更靈活，更多變化可能性且表現潛能明顯更勝一籌的現代小號不用，卻堅守著自然小號的特質而不改其志？進一步探討十九世紀音樂整體的音響織度或許可以提供部分答案。

　　整體觀察十九世紀所使用的樂器，可以找到許多與現代樂器音色不同的特質。以弦樂器而言，當時的調律音準略低於今日，證據顯示十八世紀鍵盤樂器的標準音高比現今通用的音準低了幾乎半音，許多在歐洲遺留下來未遭受破壞的鍵盤樂器顯示了這個事實，因此可以推測得知，十九世紀的樂器音準仍略低於今日通用音準[8]，再者，十九世紀弦樂器仍一律使用羊腸弦，發出的音量音量遠小於今日樂手慣用的鋼弦，但羊腸弦的音質則是溫暖許多。在觀察十九世紀的木管

---

8 參閱 Don Michael Randel，《The New Harvard Dictionary of Music》，The Belknap Press of Harvard University Press，London，England・1986・p・638–639.

樂器，在貝姆系統（Boehm system）[9]發展之前，它們的快速演奏能力全賴樂手可敬的快速指法功力，其樂器材質多為硬木與象牙，而不是金屬類的材質，因此，十九世紀早期的木管樂器音色也是偏向溫暖與柔和特質的。

　　觀察十九世紀的管弦樂器共同的音色特質，發現溫暖穩重，深沉柔和的特色，而明亮尖銳並不是當時注重的品質，砰然巨響也不是當時強調的效果，雖然以現代的眼光來看，十九世紀的品味已不足以涵蓋我們所熟知的音樂類型，但是若以十九世紀初期仍居主流的古典品味來看，現代小號的特質所帶來的優點與好處，恐怕不足以支付它所帶來的破壞力！

　　當然，時代是不停向前走的，無論它是進步還是倒退，是建設還是破壞，人類文明的可貴之處，就在於重視過去的歷史，一面走入未來，一面向歷史學習。

　　十九世紀有許多懷舊保守的品味與藝術思維，這並不奇怪，更不代表反動。相反的，我們真的必須感謝這些毫不退讓的精神標竿，這些堅持自己的藝術道路的大師，為我們留下真金不怕火煉的文化遺產。

---

9 貝姆系統是指十九世紀 1830 年代德國人堤博・貝姆（Theobald Boehm，1794~1881）所完成之木管樂器按鍵系統，該系統沿用至今。

另一方面，那些願意帶領文明進入新時代、新思維的哲學家、科學家、政治家與藝術家的比例更高，事實上十九世紀有許許多多的作曲家在第一時間就全心擁抱樂器的革新，並且立刻著手創製新的音響和音樂語法，從而逐漸走出許多條不同的新路。

十九世紀是一個新舊思維並存，互相爭鋒也相互輝映的時代，其結果，造就了一個多樣化且無比精彩的藝術時代。

第四節　樂器改革對小號演奏藝術的影響

小號演奏的音樂藝術發展的期間並不長，中古時期之前，小號並不被視爲一種旋律樂器，而是被視爲一種有用的工具來使用。以現今留存的古代文物遺產來看，無論是在宗教音樂或世俗音樂的範疇，均無法找到小號在音樂藝術方面的地位。這樣的情況在文藝復興時期產生了某些改變，此一改變並非來自樂器的重大改革，而是源自音樂思維的強力發展。文藝復興時期在記譜法、宗教音樂（聲樂爲主）、世俗音樂（聲樂與器樂舞曲）等等方面均有蓬勃的發展[10]，該時

---

10 赫洛德・荀伯格（Harold Schonberg），陳琳琳翻譯，《從巴洛克到古典樂派》台北　萬象圖書公司　1998．p．5–7。

期作曲家對於各類樂器的音色、性能與潛力都抱持著不同以往的興趣，這樣的研究興趣乃是根基於音樂的發展需要而來，而並非以任何商業化或普及化為出發點的努力，例如，木號的出現就是如此，木號的音域狹窄，音量不大且操控不易，但是對文藝復興時期音樂而言，木號仍然不失為一種可用的旋律樂器，可以為大量的舞曲音樂提供新的音色選擇，把木管樂器的運作方式移植到高音銅管樂器上面，雖然並沒能帶來長遠的成功，但仍是極有新意的實驗。

　　觀察文藝復興時期木管樂器優秀的的音樂表現力，可以發現他們已發展出很成熟的藝術性格了，不但能夠演奏很複雜的音樂，也有極強的音樂性表現力。當然，困難或複雜的音樂並不一定是音樂性的保證，然而優秀藝術性格的養成途徑，還是與演奏的音樂內容、語法與技巧複雜度有關。以上述原則檢視小號的發展也可以得到一樣的結果。

　　文藝復興時期音樂思維的變化，促成了第一種旋律化高音銅管樂器『木號』的誕生，木號本身雖然沒有長久流傳普及，但是它的旋律化特色卻帶來深遠的影響，這影響是建立在作曲家持續加強的旋律能力需求之上，儘管木號由於缺少銅管樂器性格且敵不過木管樂器的演奏能力而消失了，可是高音銅管的旋律化需求仍在作曲家的心中，並沒有消失。而

且木號所發展出來的不同以往的藝術性格，也長久的保留了下來。

　　運用高音銅管的音色演奏樂曲旋律此一需求，召喚了隨之而來的超技高音演奏法，從十七世紀到十八世紀，小號的樂器改革完全停頓了，取而代之的是演奏者自我能力的提升，如前文所述，巴洛克時期是小號的輝煌時代，作曲家肯定它的音色與旋律性，創作出許許多多輝映此一時代的小號協奏曲，在巴洛克時期，小號是與雙簧管、直笛或長的同等重要的獨奏樂器[11]。此時的小號，更加堂而皇之的被認為是不可或缺的樂器，它融合了木號的旋律性以及自然小號的明亮音色，挾著演奏者無與倫比的超技吹奏法而風行當代。

　　兩百年之間，歐洲不再有重大的銅管樂器改革行動，卻經歷了很劇烈的風格轉變，十八世紀前葉，數字低音的音樂結構逐漸被更簡單易懂的洛可可風格（Rococo style）取代，隨之而來的更均衡，更透明也更具有曲式發展性的古典風格席捲全歐，巴洛克風格快速過時，不再有品味上的影響力了。這當然與啟蒙運動（Enlightenment）[12]有關，繁複華麗的巴

11　皆川達夫，吳憶帆翻譯，《巴洛克音樂》，台北　志文出版社・博達著作權代理・1972・p. 34–36。
12　啟蒙運動乃指十八世紀歐洲發起的理性思潮，相信經由理性與知識途徑可以為人類的存在找到答案。

洛克音樂不再受到歡迎，反而成為落伍的象徵。巴洛克小號
演奏藝術的光輝不再，古典時期的作曲家保留了小號的音色
特性與精華，去掉它超技華麗的成分，讓小號在絕大部分作
品中擔任次要的角色，當然，小號立刻失去了舞台上顯眼的
位置，整個古典時期除了海頓與亨邁爾曾為魏汀格實驗性的
按鍵式小號譜寫協奏曲之外，再無其他，小號所受到的冷落
可想而知。

　　然而，小號以獨奏樂器的角色不受重用固是事實，但是
不可忽略古典時期大師們在小號音色特質方面的研究與使用
上的影響是十分深遠的。探討古典時期小號在交響樂、歌劇
音樂或室內樂方面的表現，無不是以最精鍊、最合宜的方式
出現，在古典大師的手中，作品的織度、色彩與格式都經過
精密與熟練的計算，因此，小號的運用無論是在音色或力度
上，也是經過深思熟慮，多一分則太過，少一分則不足。雖
然小號並非站在舞台的中央，然而經過整個世代的千錘百
鍊，終於推敲出來最合適的演奏法，在音色與力度上更能夠
融入其他的樂器家族，為隨之而來的銅管樂器大革新打下了
堅實的基礎。

　　本節討論的重心，就是根植於上述基礎之上的早期小號
藝術風格發展史。曾經走過儀式性工具的歲月，走過輝煌的

宮廷歲月，也經過深邃樸實的文化洗禮，小號的演奏風格在十九世紀前葉又進入了另外一個階段，而這一次演變的動力是多重的，不僅僅是來自整體音樂風格品味的演變，也來自社會制度與知識文明的變遷，當然也直接來自樂器製造的大革新。

小號在十九世紀初的樂器革新，最具體的成就在於成為真正的全音域旋律樂器，經由活塞或轉閥的運作，現代小號得以擺脫單一自然泛音系列的束縛，演奏約三個八度之廣的音域，並可演奏半音階。現代小號與早期自然小號的差異性在前節已有探討，此節則聚焦於現代小號所快速發展出來的主要藝術特質。

在音樂史上，絕大多數的藝術風格皆需經過頗漫長的累積與醞釀，透過深思熟慮，於進退取捨之間生長出來的智慧結晶。然而，十九世紀的小號演奏風格演變，雖然是新舊並存的情況，但是在新風格的部分，可說是一日千里，爆炸性的發展，其原因主要在於兩個面向；其一，小號的音樂語言突然變得極為豐富，有能力與弦樂器或木管樂器互相銜接或是互相抗衡，甚至於，小號成為獨奏樂器的潛力又再一次被注意到了。其二，浪漫樂派迅速崛起，無論是歌劇、交響曲、芭蕾舞音樂等等樂種都更加關注如何加強表現力幅度的問

題，浪漫派作曲家本來就有認定音樂格式應該成為情感描述服務工具的傾向，若為了某種必要且強烈的內在觀點，即使打破成規也在所不惜。現代小號的適時出現，讓作曲家毫不費力的得到一個新的工具與新的力量來鋪陳它們的音樂，這樣的潮流也加速了小號音樂的新藝術性格的形成。

探討十九世紀小號演奏風格性質的演變，可已由兩個面向來理解。

第一個性質是獨特性。十九世紀的樂器改革雖然根植於過去千百年的試驗與風格演變的錘鍊，但在本質上它仍是獨特的，不僅是現代機械工藝的結晶，也結合了專業的巧思，其成果在實質上良好的銜接了過去與未來，也就是兼顧了過去的歷史意義與長遠的未來發展，在此一獨特性質上，在此之前的音樂史上是極少發生的，而此一特別事件對於小號的演奏風格演變而言，當然會產生立即與深遠的影響

此一影響時至今日仍完全的支配小號音樂風格的發展，其獨特性之一在於可以隨時自由的移調，十九世紀浪漫派音樂的和聲頻率是越來越快的，那些可以隨時轉移調性中心的樂器就能夠趕得上這潮流的發展，而不至於缺席。另一個重要特質是小號在旋律的表現力方面完全的解放，也在十九世紀音樂風格上占據了一席之地，許多前所未聞的音樂織度與

色彩都紛紛地出現在演奏舞台上，在許多的十九世紀音樂家的作品當中，都可以清楚地印證這樣的風格演變。在前節當中筆者已探討過十九世紀新舊風格並陳的特色，在之後筆者將以不同的專題來探討十九世紀歐洲各民族區域或文化重鎮的代表性人物與作品，以期更詳盡的呈現不同的藝術思維與現象。

　　十九世紀樂器改革對於小號演奏藝術的影響除了獨特性之外還有另一種特質，也就是可塑性，一種音樂風格方面的可塑性，涵蓋音色、力度、演奏法乃至音樂性格的可塑性。時至今日我們所慣於欣賞的各種不同的小號音樂，都來自於十九世紀樂器改革之後，小號在藝術風格上被賦予的可塑性。其實，別的樂器也有類似的情形，例如出現在十五世紀的長號，在四百年之前沒人想得到它的可塑性如此之大，現代的長號手可以吹奏爵士樂，甚至吹奏炫技的《大黃蜂的飛行》等等，但是長號的可塑性其實是十五世紀就存在的，然而小號的情形不同，小號的藝術可塑性大解放是十九世紀才發生的事，這一難能可貴的特質，自然也成為十九世紀小號演奏風格研究的重心基礎之一了。

第二章 十九世紀德奧地區小號演奏風格研究

今日德國與奧地利所統轄的國土範圍從中世紀到十九世紀爲止都是『日耳曼神聖羅馬帝國』的一部分，帝國的首都在維也納，而日耳曼境內則散布著幾十個公國與少數自由邦，這些小邦國必須接受神聖羅馬帝國的統治，卻也享有一部分自治權。1806 年法皇拿破崙（Napoleon Bonaparte，1769~1821）以戰勝國之姿逼迫神聖羅馬帝國皇帝法蘭茲二世（Franz II，1768~1835）簽訂『萊茵聯邦條約』[1]之後，日耳曼神聖羅馬帝國瓦解，奧皇法蘭茲二世失去神聖羅馬帝國皇的稱號並退守奧地利維也納，至此，德國境內的諸邦國取得更進一步的獨立自主權。

1871 年，德國最強大的邦國普魯士王國終於以武力與外

---

1 萊茵聯邦條約（Rheinbundakte），1806‧7‧12 簽訂‧1813 年瓦解。

交統一了德國，號稱『德意志帝國』，『德意志帝國』在二十世紀瓦解（1918）的歷史在此不多談，僅就十九世紀來看，歐洲大陸是處於政治紛亂的局面的，在音樂藝術上，卻因爲這些動盪變遷而刺激出更多偉大的創作。德奧都是德語區域，在文化上有許多密切的交流，在政治上更是有著千絲萬縷的關係，因此筆者將它們放在一起討論，或可有更完整的收穫。

第一節　德國三 B 承襲的傳統

筆者在拙作《從巴哈到海頓時期的小號演奏風格演變》之中對巴哈的時代與音樂特色著墨頗多，並且探討巴洛克音樂風格的式微與古典風格的風行對於小號演奏風格的影響，在第二章第一節中，筆者則將探討重點延著音樂史上著名的三 B；巴哈、貝多芬與布拉姆斯所建立的藝術路線來走，研究此一傳統（儘管上述三位大師的作品看似不盡相同）在十九世紀的影響，以及小號演奏風格的演變。

巴哈是德國巴洛克音樂風格集大成的代表性人物，貝多芬是古典時期風格最巔峰之代表人物，而布拉姆斯則是德國浪漫樂派的主要作曲家，三位大師分別爲不同時期的音樂風格發展做出偉大貢獻，他們都遵循純粹音樂的創作宗旨，在

不同的時代背景之下發揮努力與天份，創作出歷久彌新的經典作品，因此，他們承襲了古典音樂中的純粹音樂傳統，為古典音樂的傳承做出卓越貢獻。將其作品當中的小號演奏藝術元素單獨檢視，必定能夠得到極具代表性的成果。

　　從樂器學的角度來看，上述三位大師管弦樂的作品中小號的運用均使用自然小號，既然使用的樂器相同，那麼在演奏風格方面的比較就更有價值，因為透過觀察幾位代表性作曲家的作品，等於清楚的看見他們所處的時代潮流與品味價值的取捨，而這些音樂藝術的累積便實實在在的被歷代小號演奏家消化吸收為藝術的養分了。

　　從配器的觀點來看，貝多芬與布拉姆斯是相近的，而巴哈運用小號的手法則十分不同，巴哈的小號音樂包括他在哥登時期的《布蘭登堡協奏曲第二號》（小號獨奏）、多首清唱劇與神劇當中的輝煌的小號獨奏片段與慣用的三聲部小號配器織度、以及著名的管弦樂組曲當中同樣以三聲部為主的小號音樂[2]。當然，作為巴洛克風格最後一位大師（也是最重要的一位）巴哈作品中的小號音樂不僅僅呈現了巴洛克小號音樂的基本風格與運用方法，同時也呈現了無庸置疑的純粹

---

2 鄧詩屏，《從巴哈到海頓時期的小號演奏風格演變》，台北 文史哲出版社 2008，p．128–132.

音樂力量。

　　在此並不適合回顧太多有關巴哈音樂的細節，但是在探討貝多芬的風格之前，必須研究巴哈的小號音樂到底爲繼之而來的古典時期留下了何等的藝術遺產與線索，因爲巴哈爲小號配器的運用手法確實清楚的留下了足夠的養分與典範，例如以小號與定音鼓的合奏來加強樂曲特定樂段的節奏性，或是讓小號以合聲的方式出現，加強樂曲的縱向織度，都是古典時期最常用的手法。而在樂曲的橫向旋律方面，巴哈是創作小號超技演奏法的專家，在其管弦樂作品之中，無論是宗教性或世俗性音樂作品，都有大量華麗而且艱深的高音小號獨奏片段，這也就是爲什麼巴哈總是愛用三聲部小號的原因，因爲他使用兩個較低音聲部在節奏與合聲的基本架構上擔綱，再將華彩的旋律交給擔任獨奏的演奏家吹奏。古典時期的管弦樂作品在曲式上有很大的進展，但在小號的配器上則接納了巴哈的配器方法中較低音的兩個基礎聲部的功能，而對於獨奏小號聲部的超技華彩則一律放棄不用，因此可以發現古典時期的管絃樂作品幾乎都是以兩部小號出現在總譜上，並且不再有小號的旋律性獨奏[3]。在貝多芬與布拉姆斯的

---

3 巴洛克音樂中擔任高音域華彩演奏的小號聲部爲「Clarino」，擔任基礎和聲之小號聲部爲「Principale」。

想法裡，小號是管弦樂配器上不可或缺的聲部，但並非合適的獨奏樂器，這一點可以從他們的作品看出來，巴哈慣用的小號超技吹奏音樂型式從未出現在他們的音樂之中，但以今日的標準來看，現代的管弦樂作品當中小號聲部的音域範圍則大致上更接近貝多芬的作品所採用的範圍，而不是巴哈的時代所常見的範圍，這樣的情形說明了一個事實；古典時期作曲家對小號的音域與音色有一種普遍的共識，他們寧願使用小號音色上最合理也最美的音域範圍，不過分的高也不太低，以免破壞脆弱的聲部平衡。這種平衡也是古典時期音樂最明顯的特色。而巴哈的數字低音時代則重視高音聲部的即興式樂句的華麗表現。然而值得注意的是，在十九世紀之後，小號的演奏風格歷經百年演變，顯然吸收了所有文化遺產的精華，逐漸融合了各種時代風格的特色，這是題外話，在此暫且不多加探討。

古典時期的管弦樂編制是建立在四部弦樂上（如弦樂四重奏編制一般），加上低音大提琴則為五聲部弦樂。管樂的骨幹是雙簧管、長笛、低音管與法國號四個聲部，加上較晚加入陣容的單簧管則成為五種聲部（如木管五重奏編制一般）。所有的管樂器一開始都是成雙成對的出現，如此便能運用和聲的效果。海頓、莫札特的管弦樂作品無一例外，全

部都是兩管編制，貝多芬與布拉姆斯也繼承這個編制上的傳統，當然，法國號是例外，貝多芬晚期已開始將四部法國號寫進交響曲總譜（《第九號交響曲》），布拉姆斯則延續貝多芬晚期的做法，一開始就使用四部法國號的編制。貝多芬也開始將長號放進編制（承襲海頓與莫札特的宗教音樂編制），如《第五號交響曲》與《第九號交響曲》，布拉姆斯的四首交響曲則全數採用了三聲部長號。

　　最早加入管弦樂演奏的銅管樂器是法國號與小號，小號經過巴洛克時期的輝煌歲月，在古典時期相對的沉寂了下來，但這並不意味著小號失去了所有的舞台，事實上小號的樂器特質一直都是古典時期不可缺少的一部分，海頓的作品就是一個典範，明亮、堅定、信號式的特質是特定樂段當中小號的藝術性格，這種音色上的傳統也是貝多芬慣用的手法之一，但是貝多芬對於小號的潛力耕耘的更深，運用的手段更大膽（甚至前衛），雖然貝多芬未曾有過為小號寫作協奏曲的念頭，（十九世紀主要作曲家無一有此念頭），但他的管弦樂作品中為小號安排的演奏片段從無敗筆，總是淋漓盡致的發揮自然小號的音色與力度，與其它樂器的音色比重恰到好處，樂曲的強大張力總是將小號的極致鋪陳的無比自然，而柔和之處則令人屏息。

　　貝多芬的音樂風格發展是由古典進入浪漫的過程，《貝多芬第一號交響曲》結構極似海頓的交響曲作品，《第一號鋼琴協奏曲》則神似莫札特的風格。上述相似之處純粹是指曲式結構與風格而言，在藝術內涵的精神層面則毫無疑問的有著貝多芬獨有的力量與宣告[4]。

　　歷代音樂學者對貝多芬的創作結構雖仍不免些許批評之聲，唯獨對貝多芬在藝術上的精神力量敬若神明，不敢造次。如此鮮明強大的藝術性格當然為每一種樂器都帶來了某種改變，在貝多芬的管弦樂作品中，小號的功能當然包括了傳統古典風格所要求的加強節奏與提供音色層次，但貝多芬創作的成果又遠遠超過了上述基本要求，進而賦予小號更深刻的性格，更強烈的宣示性，在此觀點上而言，貝多芬不僅超越了他的前輩所完成的，也樹立了一個後進無法超越的標準（即使布拉姆斯也無法超前）。基本上，在古典交響曲的領域中，對自然小號的運用之精彩確實沒有人能超越貝多芬的創意。

　　小號的演奏風格在貝多芬的獨特創意之下發展出幾個特色，儘管這些特色與樂器改革無關，但他們的影響力仍持續到今日，因為貝多芬使用小號的語法巧妙的展現了小號真實

---

4 參閱 Geoffrey Hindley，《The Larousse Encyclopedia of Musuc》，Hamlyn Publishing Group，1971，p．265–267.

的藝術特質。小號的演奏風格在貝多芬的藝術天才灌漑下發展的首要特色是音色的幅度更寬廣也更戲劇化。在貝多芬之前，管弦樂團當中小號的角色最多是帶有軍隊色彩或信號式節奏的明亮聲部，或是以輕柔的和聲伴奏其他主要樂器的次要角色，貝多芬的管弦樂作品中小號扮演的角色則遠不只於此，他真正的把戲劇性的重要元素交給小號發揮，在海頓晚期的倫敦系列交響曲或是神劇《創世紀》裡小號的部分特別吃重，貝多芬的作品則比海頓更進一步在旋律、力度與強度上著墨，讓小號成為能夠與其它樂器相互輝映，相互競爭的主要角色。小號的演奏在此真正成為某種特定情感張力的化身，而不僅是位處邊緣的陪襯角色，對於音色的變化也有加倍的要求，平衡與透明不再是唯一的訴求，取而代之的是深沉的吶喊與強烈的宣示。筆者不認為貝多芬曾意識到自己正在終結一個時代，但是他明白自己正在開啟一個新的局面則是無庸置疑的，音樂的力量由形式轉變為發掘內在世界的一面，這是貝多芬擁有的創作自覺，儘管他無意改變既有的格式，但是《貝多芬第九交響曲》仍加入了獨唱與合唱（創舉），也加入了長號（創舉），第四部法國號的獨奏（轉閥式，創舉）等等都標示出了下一個時代的聲音。小號的音色變化由極柔到極強，則標示出了一個表現力的新領域，為十九世紀

浪漫派音樂做好準備。

　　另外一個特質是更多樣化的小號發聲方式，早先小號的發聲方式大致有強弱長短幾種基本方式，但貝多芬的作品要求更深入，例如音量強但富歌唱性的，長度很短卻柔和的，音量小但保持堅定的等等音樂上的要求都看得到，而且貝多芬會不厭其煩的標示在總譜上（出版需要），清楚的告訴樂手他的音樂設計，這一些看似細小卻無比重要的細節，正是貝多芬作品偉大之處，這對於小號演奏風格的進化也是最好的養分，多層次的樂句發聲法是何等重要的元素，若是沒有大師的創作引導，它的進化是難以期待的。

　　貝多芬是古典時期的大師，但是他的作品自然而然的走進了浪漫主義，布拉姆斯是徹底的浪漫派作曲家，但他一心嚮往古典時期的一切，可以這麼說；布拉姆斯被視為貝多芬的接班人（多麼沉重），而他本身也緊緊的堅守在藝術的陣地裡，絕不退卻；事實上，布拉姆斯揹負的包袱比貝多芬沉重多了，儘管貝多芬去世時布拉姆斯都尚未出生，但他的音樂卻比貝多芬還要保守得多。這種保守的情形不僅表現在形式議題上，也表現在藝術層面上，當然筆者不會以負面的判斷來形容布拉姆斯在樂曲形式上的保守，畢竟在舒曼（Robert Schumann，1810~1856）宣布年輕的布拉姆斯是繼貝多芬之

後新生的古典樂派救世主之後[5]，這維護傳統的重責大任就不曾離開過布拉姆斯的肩膀。至於布拉姆斯在藝術面的保守就留給樂界公評，他的音樂厚重深沉，極少大聲疾呼，色調陰暗凝鬱，少見陽光，偶見的明亮樂段總與大自然或民謠有關。與巴哈的宗教性與貝多芬的強烈個性相比均遠遠不如，但他仍是一位純粹音樂的大師，以聲音堆砌色彩的絕世高手，他謹守貝多芬遺留的形式與配器法，從不走到其他的道路上去，但是在音樂藝術的內涵方面無論如何還是回到了自己的心底，向內挖掘而非向外尋找。

　　小號在布拉姆斯的管絃樂作品中主要的角色是一種音色的工具，一種如同在油畫裡創造光影的技巧。布拉姆斯的音樂中極少要求小號強力傳送出去，反而經常要求一種內斂壓抑的質感，並從而在樂曲和聲上抹上一絲光線。除此之外，布拉姆斯對小號的運用範疇幾乎沒有超過海頓的手法，遑論與貝多芬的運用手法相較了。

　　對小號演奏者而言，布拉姆斯的作品並不容易演奏，尤其是不容易演奏得很恰當，因為布拉姆斯並不在意小號演奏上的方便性，他更在意的是樂曲的氣氛是否合自己的意思，

5　1853 年十月，二十歲的布拉姆斯前往杜塞多夫拜訪舒曼，舒曼識得其音樂天才，特別撰文讚譽布拉姆斯。

小號演奏者應該感謝布拉姆斯，由於他在作品當中對微小色彩變化的斤斤計較，使得小號的演奏範疇被引導至一個不可能被主動發現的角落，從而建立了一些新的音色控制能力與敏感度，這是布拉姆斯致贈給小號演奏藝術的珍貴禮物。

第二節　德奧早期浪漫派風格與發展

在第二節裡接著探討德奧地區十九世紀的浪漫派（Romanticism）音樂藝術，以及幾位代表性作曲家的創意與風格，所謂浪漫時期、浪漫樂派或是浪漫主義這些名詞很難以簡單的劃分方式來界定，無論是以年代，藝術內涵或是學說理論來衡量，都可能得到不同的答案；浪漫音樂的定義根源，主要來自文學對藝術內涵討論的用詞。如今廣泛認同的浪漫派音樂時期是指十九世紀初維也納古典樂派式微之後與二十世紀音樂之間約一百年的作品而言；但是這個過於簡化的理論存在著不少令人持疑之處，浪漫主義在十八世紀後期已成顯學，歐洲的藝術思維都受到浪漫主義的影響，而此一歷史時序上的問題，將教科書的浪漫音樂時期開始的年代提前了至少二十年。此外，單一的浪漫音樂概念是否足以涵蓋橫跨十九世紀一百年間的音樂風格也大有疑問，尤其更不用

說，浪漫音樂的概念並未結束於二十世紀的降臨，所謂浪漫
主義的藝術思維事實上從未消失，上述的一切疑點都讓浪漫
派時期的界定工作更加困難。然而若是從藝術史的宏觀角度
來看，文學作品或藝術作品乃至音樂創作中對於人性當中的
喜悅、慾望乃至一切苦惱的詮釋在人類文明的時空裡無所不
在，這樣的浪漫內涵並不囿於任何一種時期或風格的限制，
它是人類在藝術創造上的本能，也是藝術創造最初的動機[6]。

在十九世紀之前作曲家基本上都受雇於貴族或教會，創
作的空間受限於僱主的需要，然而十八世紀晚期，出版業的
發展使得個體戶作曲家成為可能了，作曲家逐漸脫離貴族與
教會的庇護，因此他們更關心大眾愛樂者對他們的接受度，
而且他們的作品可以更聽從自己內在的聲音而非單一僱主的
要求。古典音樂的發展到了十八世紀末，無論是交響曲，室
內樂，協奏曲乃至各種奏鳴曲的曲式結構都已十分成熟，這
種結構的穩定性恰好為多元主題的音樂提供了沃土。

為了更明確的分析十九世紀小號演奏風格的演變，本節
先以德奧地區十九世紀初期浪漫樂派作曲家為探討範圍，儘
管此時期任何一位作曲家都已有許多皇皇巨著的研究了，但

---

6 赫洛德‧荀伯格（Harold Schonberg）《浪漫樂派》，陳琳琳翻譯，台北 萬
象圖書股份有限公司 1998‧p‧23–24

小號的藝術特質在他們的創作中有何作用？小號的演奏藝術從這些作品中得到了什麼養分？以上的問題均值得研究探討。

　　『歌曲之王』舒伯特（Franz Schubert，1797~1828）去世於1828年，也就是貝多芬去世的次年，死時僅三十一歲。舒伯特是貝多芬的崇拜者，也是貝多芬葬禮行列中的扶棺者之一。舒伯特的藝術風格是浪漫主義的最佳證據，他自成一格，與同時代大師全不相同，如果說貝多芬的音樂屬於全人類，那麼舒伯特的音樂則只屬於維也納。

　　舒伯特生前並沒有聽過自己的交響曲公開演出，他沒有機會做出修改，但是這並不是一件壞事，因為聽眾可以聽見舒伯特的直覺，也可以感受作曲家最初的旋律設計，或許有些音樂學者認為舒伯特的樂曲有對位法上的不足之處[7]，但這一點並不妨礙它們的藝術價值。舒伯特的音樂總能立刻抓住聽眾的心。

　　德奧地區的早期浪漫派還有一位傑出的作曲家，就是日耳曼歌劇的推廣者韋伯（Carl Maria von Weber，1786~1826），在韋伯之前，德文歌劇已有漸受重視之勢，而韋伯的作品又為此一運動走出更寬的路。韋伯一生的創作軌跡都在為追求

---

7 《西洋音樂百科全書 ── 浪漫時期音樂（上）》，〈法蘭茲‧舒伯特〉陳樹熙翻譯，台北 台灣麥克股份有限公司 1994‧p‧93

德文歌劇的普遍化而努力。從文字、故事到旋律的取材,爲德文歌劇建立了里程碑。韋伯的音樂風格結合語言的魅力,源源不竭的故事性,再加上出奇不意的戲劇張力,使得樂曲布局十分引人入勝,韋伯的器樂作品每每讓聽眾有一種炫技的感覺,尤其是他的管弦樂作品,兩首單簧管協奏曲,法國號小協奏曲都使人有耳目一新之感。韋伯的藝術感受與舒伯特極爲不同,舒伯特的音樂適合在沙龍之中與少數朋友聚會時吟唱抒懷,而韋伯的音樂從一開始就是爲劇場裡的觀眾製作的產物,他深諳劇場必備的戲劇效果,也是說故事的高手,熟練的配器法在他手裡成爲最好的工具。較爲可惜的是,小號在十九世紀初期德奧地區的演奏風格轉變並不大,幾乎沒有受到樂器改革所帶來的的正面影響,雖然音樂藝術內涵已經產生了巨大轉變,對於鍵盤樂器與弦樂器的演奏方式也產生了許多新的要求,但在銅管樂器方面,由於相對的保守,因此變化並不明顯。似乎是直到法國作曲家白遼士(Hector Berlioz,1803~1869)的《幻想交響曲》於 1830 年公演之後(距貝多芬去世僅三年),德奧作曲家才普遍意識到銅管樂器的革命性發展與它的藝術可行性,這樣的情形當然也適用於解釋舒伯特與韋伯兩位大師的作品。在舒伯特的爲數不少的管弦樂作品裡,法國號偶爾擔任信號的角色,小號則屬於

音色上的邊緣角色，在某些旋律上添加一點明亮的色彩，這種風格在其它大師的作品中經常可見，但是在演奏舒伯特的音樂時必須更細心一些，因為那旋律的線條是特別的長又細緻，萬萬不能在加入時打擾了那律動和色彩的平衡，就是這樣敏感的變化性，使得舒伯特的配器中少少幾個音符演奏方式必須令人費盡思量。

　　韋伯對於管樂器的認知之獨到、運用手法之高超，在早期浪漫派作曲家之中擁有獨特的地位，他清楚所有木管樂器與銅管樂器的特性和限制，並且不僅僅是恰如其分的使用它們的優勢，而是賦予更多新意。韋伯是法國號的音色專家，寫作之精到，將法國號的氣勢與技巧以非比尋常的格調與高度表現出來，在每一方面都超過同時期作曲家，若撇開主題精神層面的議題，專論寫作手法，那麼韋伯的法國號配器寫作的技巧必定在貝多芬之上，別出心裁的程度也在莫札特之上。銅管樂器之中的長號也是韋伯擅長運用的聲音元素，使長號成為兼具節奏性與和聲美感的重要音色。

　　整體而言，韋伯的創作充滿戲劇張力，在古典格式中勇於嚐試新手法，舒伯特的音樂如果是與文學意涵結合的浪漫主義作品，那麼韋伯的作品則更接近於彰顯浪漫主義精神形式與手法的道路，換言之，韋伯貢獻了更多足以承載浪漫主

義精神的架構手法與創意，他的成就使得華格納的樂劇的發想顯得理所當然多了[8]。

可惜的是，韋伯對於小號的發展似乎興趣不大，他的作品當中採用的小號演奏語法限制很多，不但比不上貝多芬的前衛，甚至不曾超過海頓的手法，但是這種現象並不足以構成批評韋伯保守的理由，只能說他對小號的認知仍是屬於十八世紀晚期的觀點，包括簡單的節奏與和聲選擇。這種自洛可可風格後就被普遍接受的觀點未能引起韋伯的懷疑，而小號也失去經由韋伯的創意洗禮的機會，確實是一種損失。

乍看之下，小號的角色在十九世紀初期的德奧地區並無突破，主要的作曲家仍多採用自然系列銅管樂器，在配器的手法選擇上也沒有明顯突破，然而，不同的題材與發展部的浪漫主義傾向，早已反復的營造出一種勇往直前的藝術精神，一種更強調內在驅力的藝術表現力，小號演奏的藝術範疇的進展已是指日可待。

第三節　德奧中期浪漫派

由於分類上的方便，筆者大致將出生於十九世紀初期，且

---

8 邵義強編譯《200 世界名歌劇》，〈韋伯〉，台北 天同出版社 1988。

活躍於十九世紀中葉的德奧地區作曲家放在此節，在實質探討的過程裡會發現他們的風格差異性不小，藝術的取向也更有變化，這是一個充滿純粹藝術家自覺的時代，作曲家很有自信，努力追尋自我，貝多芬的身影仍在，但是嚴格來說並沒有人想複製貝多芬的藝術，反而大多是致力於建構自己的藝術觀。

　　許多知名的代表性作曲家誕生於 1810 年前後，這是個有趣的現象，孟德爾頌（Felix Mendelssohn–Bartholdy，1809~1847）與舒曼就是其中最重要的日耳曼作曲家，本節探討他們的作品藝術所帶來的影響，尤其聚焦於小號的風格進展。首先說明的是，孟德爾頌與舒曼和布拉姆斯一樣，都是傳統的擁護者，採用的都是自然系列的銅管樂器，當然，布拉姆斯是晚期浪漫派的代表人物，他所承襲的傳統正是得力於孟德爾頌與舒曼的發揚光大，從而架構出來一條有生命、有意義並值得繼續耕耘的道路。

　　孟德爾頌的藝術事蹟最廣為人知的，除了『幸福音樂家』的稱號與背景之外，還有重新推廣演出巴哈的音樂，使得音樂尋根之旅真正步入軌道[9]。孟德爾頌創辦萊比錫布商大廈管絃樂團與城市音樂院，為德國蓬勃的古典音樂教育和產業奠

---

9 參閱《Great Composers》，Original material from Marshall Carvendish Limited，London，Tiger Books international PLG，1993．P．138–139

定基礎規格，更不用說他出類拔萃，清新脫俗的大量作品，舉凡宗教、戲劇、室內樂、交響曲、協奏曲與鍵盤音樂等等，都證明他天才的藝術品味與不凡的創作技巧。任何人能完成上述成績當中任何一個項目，都足以被認可為音樂學家、藝術行政專家、或是出類拔萃的作曲家，而孟德爾頌則全都當之無愧，若再進一步考慮他英年早逝的事實（得年僅三十八歲），更令人驚異於孟德爾頌的藝術創造天才。

　　許多方面看來，孟德爾頌與莫札特的藝術經歷都有相似之處，他們都是各種類型音樂的通才，成績斐然；他們也都曾遊歷許多地方，吸收不同風格的精華，最後，他們也都不算長壽，可能皆導因於頻繁旅行，舟車勞頓的後遺症。幸而他們也都留下了許多傳世佳作，成為音樂史上的瑰寶。

　　韋伯的音樂對孟德爾頌有深刻的影響，同樣的配器手法反覆出現在不同的作品中，但是如孟德爾頌如許天才，當然自成一格，其獨特性立即可辨，孟德爾頌的音樂精巧靈動，旋律行雲流水，自然流暢，似乎音樂自然在他的腦海之中形成畫面，因此筆下的音符乍看之下有時候給人不按牌理出牌的驚嘆，在結構上也似乎沒有前例可循，但只要音樂演奏出來，一切看似天馬行空的布局立刻就化為立體的聽覺饗宴，欣賞孟德爾頌的音樂可以使人心靈的高度立即提升，感受到

輕盈與超脫，並且視野無限，音樂的畫面盡收眼底。在孟德爾頌的管弦樂作品中，這種「視覺」效果最是明顯，當我們欣賞《芬格爾岩洞》序曲時，那絕美卻又險惡的風景似乎真實地浮現眼前，冰冷的浪花也好似濺濕了衣裳；聆聽《仲夏夜之夢》的音樂，花叢中的精靈立刻現身，森林的氣味也撲鼻而來，這種以音樂描寫景象人物的能力，是孟德爾頌的拿手本領，就以他的《D 大調小提琴協奏曲》來說，它不像莫札特的音樂那麼剔透均衡，也不如貝多芬的小提琴協奏曲如此莊嚴弘大，或者是如柴可夫斯基小提琴協奏曲那樣的濃烈纏綿；然而孟德爾頌的小提琴協奏曲是讓聽眾愛上小提琴，而不僅是對於音樂內涵感到驚艷，別人是以小提琴訴說音樂，孟德爾頌則能夠以音樂塑造小提琴的真性格，使其小提琴協奏曲成為史上最受喜愛的曲目之一，這樣的天才在音樂史上並不多見。

　談到孟德爾頌作品對小號演奏風格的影響，也必須回到他在音樂創作上的特色來探討，如此方能更貼近其藝術本質上的影響力。這也是十九世紀小號演奏風格很重要的一環，小號的樂器改革雖然在十九世紀初期已有決定性進展，但在德奧地區的固有音樂傳統來說，對於現代小號的運用並不熱衷，這一點在貝多芬、韋伯、孟德爾頌與布拉姆斯幾位作曲

家橫越十九世紀的作品裡可以清楚看到。

　　十九世紀這一百年之間的音樂主題與藝術內涵的發展確實有著劇烈的變化，但是他們對於傳統的音色與品味非常堅持，這種堅持的理論基礎絕非泛泛，而是整體樂器音色協調的產物。現代小號在發展之初立即展現極佳的性能優越性，唯獨在音色上與自然小號的差異性太大，任何優秀藝術家都不會排斥新的藝術觀念，然而對於整體協調性的品味也不可能讓步。這樣的傳統是多少優秀的藝術家心血的結晶，多少偉大的作品鋪陳出來的道路，身在傳統中的音樂家都願意在某一個層次上維持甚至加強這個優秀的傳統，事實上，直到現今德國與奧地利的小號演奏者都依然使用轉閥式小號，其原因就在於轉閥式小號除了構造不同於活塞式小號之外，音色也更接近自然小號的緣故[10]。德奧地區以外的國家，並不普遍使用轉閥式小號，但在演奏德奧經典音樂作品時，仍樂於尊重作品整體音色上的協調性而使用轉閥式小號來演奏。

　　綜上所述，回到孟德爾頌音樂風格為小號帶來的影響議題，必須專注在藝術展現的層面來看，而非以現代小號的觀點來評價而已；換言之，小號風格的演變主要受其藝術內涵

10　參閱 Neil Ardley，《An Illustrated Encyclopedia of Music》，London，Hamlyn Publishing Group，1992．p．34–35

的影響，而非外在的創作手段，語言仍是一致的，只是語氣與精神不同。這些細微的不同造就了小號演奏風格的某些內在轉變，也為其他的轉變層次提供更深的基礎。

孟德爾頌對管樂器的性能與作用知之甚詳，其手法之精練不在韋伯之下，儘管兩者在藝術描繪手法上皆具備極強的戲劇性，但韋伯著重鋪陳氣氛，而孟德爾頌則更進入畫面的細節刻畫，因此，孟德爾頌的器樂語法並不墨守成規，而是依照音樂角色的需要來呈現的。所有的管樂演奏者在演奏孟德爾頌的管絃樂作品的時候，總是覺得特別有挑戰性，因為樂句可能特別快速，指法可能特別困難，或是很快速又連續的跳音等等的難題都會出現在他的作品之中。對小號而言，孟德爾頌的音樂作品所帶來的影響主要是快速、靈巧的斷奏技巧以及細緻的音色要求，這兩種小號演奏上的藝術元素，都對後來的發展有很大的影響，尤其應用在現代小號上的效果更印證了這一點。

在筆者心目中，舒曼的音樂是最純粹的日耳曼浪漫樂派代表。舒曼的內在聲音沒有貝多芬的力量，也缺少韋伯的戲劇張力，又不似孟德爾頌的精巧細緻；然而舒曼的樂思具有無與倫比的浪漫感染力，純正來自日耳曼語言抑揚頓挫的樂句結構，以及獨獨屬於他的遊走於理性與瘋狂之間的訴說方

式，上述的特色還必須加上他極為深厚的文學底蘊，使舒曼的作品成為德奧浪漫派的寶藏，其藝術觀點則深具影響力。

　　舒曼所處的時代，是古典音樂搖搖欲墜的時代，沒有收音機，唱片音響的紀錄與傳播，所有的娛樂方式都仰賴現場演出，古典音樂的規格較高，很容易受到冷落，在加上社會的政治制度，教育制度都在劇烈的變革之中，逐漸由貴族的寡頭統治進入君主立憲的代議制度，受教育的權力也更加普及了，音樂家的創作範疇與自由度都大大增加，然而保障也不再穩定了，舒曼面對的時代就是這樣的變動時代。

　　許多討論認為布拉姆斯的交響曲是繼承自貝多芬的遺緒，然而細細審視，無論在風格、配器或是藝術層面，布拉姆斯的特徵都更接近舒曼的作品，樂曲特有的凝重陰鬱，更直接來自舒曼，有一些陽光乍現的光明片段也與舒曼的手法雷同，只是兩者使用的比重不同罷了。基本上，舒曼的作品遠比他的晚輩布拉姆斯更前衛，也有更強烈的浪漫主義傾向，《舒曼第四號交響曲》在主題發展與格式上已經有很濃的交響詩的意味了[11]，而布拉姆斯的作品則從未涉此，舒曼的鋼琴作品多有標題，布拉姆斯則並不同調。

---

11 舒曼的《第四號交響曲》全曲四個樂章之間幾乎不需要停頓，首尾都出現了相同的音樂動機，非常類似一首交響詩的形式。

　　舒曼的管弦樂作品往往一目瞭然，看似簡單，實則暗藏機鋒，鋼琴協奏曲、大提琴協奏曲皆爲經典傳世之作，但也往往令優秀演奏家視之爲畏途，爲何如此？乃因其中樂思纏繞複雜也。看似簡單的樂句，總有出其不意的動機發展走向，不按牌理出牌的反向操作，演奏者若是背譜演出很容易迷失其間。舒曼的交響曲編制不大，但總能產生令人屛息的強弱落差，配器極爲精巧，稍一不慎則整個樂團立時分崩離析，不知所云，其難度極高，非有優秀得樂團與指揮不敢嘗試，然而若是忠實地按照舒曼的原意呈現演奏，其藝術氣氛真是醇厚非常，美不勝收。這就是舒曼藝術魅力之所在。

　　舒曼對於管樂器的知識與運用能力是大師級的藝流水準，現代交響樂團的銅管演奏員招考必定少不了舒曼交響曲的片段，可見一斑。他懂得如何使用樂器最大範圍的能力，卻又不至於超過極限，使得樂手演奏出最美的音樂之餘，也有藝術上的收穫，這是舒曼的藝術品味最大的影響力與貢獻之一。

第四節　華格納的作品與影響

本章的第四節以探討華格納（Wilhelm Richard Wagner，

1813~1883）的作品與藝術風格，以及他為樂器改革帶來的影響為主。華格納於 1813 年出生於萊比錫，只略晚於孟德爾頌三年，並且與義大利作曲家威爾第（Giuseppe Verdi，1813~1901）同一年出生，華格納與威爾第兩大歌劇作曲家乃同年誕生，可謂有趣的巧合，筆者之後將有專章探討威爾第的音樂，因此在此先省略不談。

探討華格納的創作風格無疑是研究十九世紀音樂藝術風格的關鍵步驟，對於小號演奏風格來說更是如此。華格納十五歲初次聆聽貝多芬的音樂，受到很大的啟發，其實他在此之前便已經深受韋伯的日耳曼歌劇的吸引了，貝多芬強而有力的訴說方式與韋伯的浪漫方言色彩，這些強而有力的元素在華格納的作品當中有不可磨滅的影響。

歌劇強大的戲劇張力與純粹的力量，日耳曼的傳說與神話等等，為十九世紀浪漫主義在德奧地區的體現找到了一條道路，這一條道路明顯地與孟德爾頌、舒曼或是布拉姆斯的道路極不相同；華格納努力運用新的東西（新風格、新樂念、新式樂器）來創作古老的東西（日耳曼神話或傳說）；而舒曼或布拉姆斯則是用舊的東西（古典時期的格式與傳統樂器）來創作新的東西（浪漫主義的人文元素）。上述的差異性自

然曾在十九世紀引發各派擁護者的批評與論戰[12]，筆者在此對於這一類的事件與不同觀點不做評論與探討，平心而論，它們都是輝煌的維也納樂派與浪漫主義互相激盪出來的藝術成果，並不必要因為品味的偏好而攻擊對方。前文筆者已探討過德奧音樂傳統派的貢獻與影響，此節必須研究華格納的創作與其影響。

音樂史上少有一位作曲家如華格納一般地引起讚嘆、批評、崇拜與鄙視等等各種極端的看法。無論如何，數不清的藝術家、政治家乃至心理學家均曾一致宣稱或多或少受到華格納的啟發，因此華格納的藝術創造內涵的確有著無庸置疑的影響力[13]。在華格納創作了幾部不很成功的實驗性歌劇創作之後，終於在 1840 年完成《黎恩濟》，以及 1841 年發表《漂泊的荷蘭人》，此時華格納是二十八歲的青年，卻已經走出一條與同時期作曲家不同的路。事實上，德奧地區的主流古典音樂風格也確實需要進入新的階段，或是選擇新的道路的時候了，法國的作曲家白遼士早於 1830 年就發表了迎接新時代的『幻想交響曲』』，在華格納首演《漂泊的荷蘭人》

---

12 《西洋音樂百科全書 ── 十九世紀薪傳（下）》，〈音樂評論家韓斯利克（Eduard Hanslick，1825~1904）〉，周靈芝翻譯，台北 台灣麥克股份有限公司 1996．p．62
13 葛利菲斯（Paul Griffiths），林勝儀翻譯，《現代音樂史》，台北 全音樂譜出版社，1985．p．29

的同時，義大利歌劇作曲家威爾第也即將推出他的歌劇《納布果》，上述作品都是早於或同時出現於華格納較成熟創作期的傑作，其藝術內涵與成就絲毫不在德奧地區浪漫樂派作品之下，因此，當布拉姆斯（比華格納年輕二十歲）以繼承傳統維也納樂派為終身職志的時候，華格納走出的新道路就更形重要了。假設如果少了華格納的藝術創作所帶來的啓發，筆者相信必然還是會有其他的德奧音樂家填補這一個新藝術浪潮的發展需要，但是或許時間會更晚，並且影響深度也不會如此巨大。

　　華格納的創新能力是多方面、多層次的，他的好奇心與興趣也同樣廣泛。面對音樂創作，華格納很自然地聚焦於歌劇的藝術形式，無庸置疑的，製作一齣歌劇是多重元素的組合；歌劇當中有劇本文字架構的層面，這牽涉到歌劇主題或素材的選擇與品味，乃至文學意涵與文化議題，歌劇當中當然有音樂的重要元素，管弦樂配器，獨唱、重唱與合唱無一不包，歌劇當中自然也有舞蹈與戲劇的場景，而這就牽涉到劇場的效果與專業的問題。既然談到了劇場的問題，那麼燈光、佈景與各種服裝道具的元素也都必須到位才可以，最後，製作一齣歌劇還要有強大的行政團隊來應付千頭萬緒的問題，尤其是資金必須到位，否則任何天才的想法都無法成為

真實。綜合上述觀察，一齣成功的歌劇需要集合劇本作家、作曲家、樂團指揮、劇場專業人才、製作人全體通力合作方能竟其功，各方努力缺一不可！華格納對此了然於胸，為了確保自己可以貫徹理想，華格納以一己之力身兼所有的主導角色，從劇本、音樂、舞台到製作工作，全部獨斷專行；這獨裁的創作過程，雖然遭致物議，過勞的工作量也拖垮了他的健康，但其成果卻是不可思議的巨大藝術形式內在與外在的躍進。他確立了音樂文化上新的日耳曼色彩，並且以一己之力抗衡歐洲其他國家風起雲湧的國族音樂運動而毫不遜色，更重要的是建立了一條將浪漫派音樂推向最高峰的道路[14]。

　　華格納創新的能力不僅僅在於他工作狂的一面顯現出來而已，他天生有一種特別的洞察能力，可以在既有的傳統形式當中找到自己合用的工具，但同時也毫不遲疑的丟棄不合己意的包袱，華格納大膽的創新欲望又加上他成長的後工業革命知識爆炸的時代背景，當然會迸發出了不起的火花。

　　華格納將『主導動機』（Leading motive）[15]廣泛的運用在歌劇主題的發展中，調整戲劇、音樂與舞台元素的比重而

---

14 十九世紀是「國族主義」音樂在歐洲興起的時代，然而在德國與奧地利這兩個古典音樂文明較其他地區昌盛的國家，則未見所謂「國族主義」浪潮，其原因或許是其民族精神已內化至嚴肅音樂形式之中。

15 主導動機（Leading Motive）是華格納樂劇中所採用之創作手法，以固定的音樂動機（節奏或音程）代表相應的角色或情節，貫串全劇。

獨創『樂劇』（Music drama）[16]一詞，可見他亟欲擺脫傳統束縛的心思。為了獨創自己想像當中的樂器音色，他甚至於主導樂器的革新，銅管樂器『華格納低音號』（Wagner Tuba）即為一例。為了完整呈現自己心目中的舞台效果，華格納乾脆主導拜魯特新劇場的興建，完全按照他的想法設計建造。這樣一位勇於創新的藝術家遇見十九世紀樂器革新的浪潮，當然是會毫不遲疑的立刻擁抱現代樂器所帶來的優勢的。

　　探討華格納的音樂對於小號演奏風格的影響，正好可以與孟德爾頌或舒曼的藝術風格互相比較，如此收穫更多。當舒曼宣稱貝多芬的藝術後繼者是布拉姆斯的時候（1853年），華格納已接近完成《指環》首部曲《萊茵的黃金》，舒曼當然已知曉華格納的創作方向，並且舒曼也明白華格納並不以成為貝多芬的追隨者為唯一藝術目標，他自然必須更審慎的看待新音樂道路的發展，然而無論他加入與否，另一條新的道路已然存在，其影響力也絕無回頭餘地了。

　　華格納的音樂與舒曼或孟德爾頌最大的不同之處主要是在格式與織度上，由於華格納創作的主題，已無法被容納於傳統古典風格傳統的格式之內，他自是無法繼續墨守於八小

---

16 樂劇（Music Drama）是專指華格納式歌劇的專有名詞，也就是一種在理想上將歌劇的舞台與戲劇元素抬至與音樂一樣高的地位，以求呈現極致舞台魅力的超級大歌劇。

節樂句結構，或是把他的主導動機安裝在奏鳴曲式上，華格納必須更倚重動機的發展技巧以配合劇情與歌詞的情境發展，一切都是流動的，發展中的，唯有主導動機足以辨識，由於音樂的部分並非樂劇唯一的元素，因此反而可以看到更完整的戲劇面其他元素，這種情形可以比喻為舒曼、孟德爾頌或布拉姆斯是依照五言絕句、七言律詩的韻律與規則創作詩句的詩人，那麼，華格納則更近似宋詞或甚至是現代詩的詩人了，格式問題與主題的選擇是息息相關的，雖然與藝術價值並沒有太大影響，但是對於音樂藝術的載體影響很大。

華格納創作的音樂織度，是他獨具的創見，試圖創造人類感官的極致聆賞經驗，華格納從不知何謂淺嘗即止，點到為止的藝術觀，他慣用各種延綿不斷的漸強樂句，爆炸性的銅管音響或是細若游絲的無止境的呢喃來營造任何他需要的戲劇情境，從不考慮均衡問題或是時間長短，因此晚期浪漫樂派作曲家無一不受他的影響。現代小號很早就出現在華格納早期的作品中，並且一直受到華格納的重用，直到他創作生涯的最後。

華格納在塑造小號的演奏風格方面確實費了不少心血，其主要的特色有三個，一：新舊風格兼容並蓄、二：使用極端力度、三：個性化的藝術風格。

　　即使以今日的眼光來看，華格納的管弦樂曲仍是一座座難以攀越的山峰，他非常善用傳統小號的音樂語法，但又十分勇於實驗現代小號的新領域，某些演奏樂句呈現的方式都是前所未有的，或許技巧上並不特別新奇或困難，但是擔任的角色更爲核心，擔綱主要動機的機會也大大增加，因此特別顯得艱難。例如華格納早期歌劇『黎恩濟』序曲開頭的小號獨奏，在帶進樂團全體之後，上昇完全四度到調性中心，令人有自然小號演奏風格的感受，但小號隨即在主題反覆時加入演奏，半音與全音構成的華麗樂句立刻使人頓悟是現代小號的演奏風格，這種新舊風格交替出現的情形是華格納慣用的手法。

　　華格納式的雄壯銅管音色是所有愛樂者不陌生的，但其實他也很擅長於小號的弱音演奏，且很少使用弱音器。例如《崔斯坦與伊索德》序曲以及《帕西法爾》當中的小號柔和的弱奏都是很經典的片段，基於音樂張力的需要，華格納會毫不遲疑的使用銅管樂器的力度極限，這種手法開拓了現代小號演奏能力的領域，也帶領了許多十九世紀作曲家的視野。

　　現代小號受到華格納作品最重要的影響，當數個性化（角色描繪）的藝術風格。這個議題爲何關鍵？因爲它深化了小號演奏風格的藝術性格，並且啓動了現代小號更大格局的藝

術追尋。任何樂器在設計或製造的層面上固然會對演奏藝術產生很大的影響，但更為關鍵的決定性因素仍然是藝術的觀點，也就是人對於樂器的聲音與性格產生的想像，以及更進一步所累積出來的品味和經驗。缺乏性格的樂器，或是令人無法產生太多聯想的樂器，必定發展有限。華格納的藝術觀點在他的作品中無所不在，為聲樂或器樂都帶來各種層次的影響，現代小號受益尤多，因為在音樂史的發展上，小號的藝術性格已經被邊緣化將近半個世紀了，此時正逢十九世紀初葉的樂器革新運動蓬勃發展之時，正需要強大的浪潮來推動小號的進步。光輝的文化傳統與創新道路的交會之處，有華格納的樂劇石破天驚的矗立在這十字路口，確實突顯了很多議題，也提供了更多選擇。在 1840 年前後，現代小號已大致獲得認可，並得到越來越多的重用，小號演奏風格在十九世紀的快速演變，已是箭在弦上，不得不發。

第五節　布魯克納的風格與影響

布魯克納（Anton Bruckner，1824~1896）這位以交響曲創作聞名世界的奧地利作曲家於 1824 年出生於奧地利城鎮恩思菲爾頓（Linz—Ansfelden），1896 年於維也納去逝，他

的音樂與他一生崇拜的華格納並不相似，也與同時活躍於維也納的布拉姆斯大不相同，可以說是相當自成一格[17]。在布魯克納毫不俐落光鮮的外表之下，埋藏著一顆或許可以說是是音樂史上所知最單純質樸的心。布魯克納的創作風格並不難分析；基本上，只要由他的生活方式與經歷方面尋找線索，便不難以理解其藝術動機之所在。

　　布魯克納接受的音樂基礎教育與其少年時期至青年時期的教會生涯關係密切，在他中年時（四十四歲）獲得維也納音樂院對位法教授任命之前，他的專職一直都是教會專任管風琴師，很容易理解這位幾乎成爲神職人員的作曲家對宗教的執著，他終其一生都未曾停止譜寫宗教作品，並且將對神的敬畏放進他的九首交響曲之中。此外，他被視爲優異管風琴演奏家的名聲並不在作曲家之下，管風琴可以說就是布魯克納內在的聲音，因此在他的管弦樂作品之中隨處可見管風琴式的音響結構，以及專屬於鍵盤音樂的語法。

　　布魯克納對於維也納音樂院的教職極爲忠誠，一直到去世前兩年才因病退休，由此推斷，布魯克納的個性並不喜愛變動或漂泊的生活方式，他曾經數次試圖追尋婚姻的可能性

17　曼佛列‧華格納（Manfred Wagner），《安東‧布魯克納生平與作品》，北京 中央音樂院出版社、2009‧p‧3–4

但從未成功，或許他的個性與外表比較缺少異性緣，然而箇中原因或許更複雜；這一方面似乎與布拉姆斯命運相似[18]。

　　從任何一方面來看，華格納的作風與布魯克納可說是大相逕庭，然而從傳記所描述的實際情況來看，布魯克納毫不掩飾他對華格納的崇拜之情[19]，但儘管如此，布魯克納卻從未創作歌劇，而是專門譜寫華格納避之唯恐不及的交響曲或是彌撒曲。這實在是一件很值得深究的事，身為華格納的忠實信徒卻不願意觸碰歌劇的領域，反而是投身維也納樂派的傳統，運用最傳統、最保守的格式譜寫音樂。那麼到底是哪一部份華格納的藝術元素觸動了布魯克納的靈感?筆者認為既非樂曲結構，也非戲劇素材這一類外在因素；而是華格納在發展與運用音樂素材的時候展現的高度浪漫主義與自由精神，這種浪漫與自由的藝術精神解開了布魯克納的自我束縛，並且將布魯克納的音樂才華引導到一個可能的出口，所以布魯克納才會如此衷心的感謝與敬愛華格納。上述理論的佐證之一，是布魯克納在 1863 年聆聽了華格納的歌劇《唐懷瑟》之後，才著手開始嘗試譜寫交響曲的，經過一些小規模

18 布魯克納與布拉姆斯均終身未婚，原因雖不盡相同，但是兩位作曲家最重視的藝術與愛情無法並存的情況是相似的。

19 布魯克納一生都是華格納的擁護者，儘管因此使得他飽受維也納樂評的漠視與攻擊亦然。1873 年布魯克納前往拜魯特拜訪華格納，並將自己剛完成的第三號交響曲呈獻給華格納。

的試驗作品，方於 1866 年完成第一號交響曲，這絕非巧合，而是受到啓發之後的突破性進展。

　　在研究十九世紀小號演奏風格演變的範圍裡，布魯克納的藝術是不可或缺的內容，因爲布魯克納的影響力直到二十一世紀的今天都仍然在增長之中。聆聽布魯克納的交響曲，一開始並不會使人有悅耳的感覺，因爲它們的創作核心並不僅在於好聽而已，而是一場又一場的儀式性洗禮，是探討宗教救贖、大自然秩序或是純音樂的藝術洗禮。分析布魯克納音樂中多重的元素時，最重要的是除了要回到布魯克納嚴密的音樂組織能力與無懈可擊的和聲對位技巧來看之外，也要充分了解布魯克納的藝術觀。

　　布魯克納對於創造新的藝術方向的企圖不高，他並不想創造新的曲式或者是打破音樂理論規則，他甚至於不願意譜寫超出自己生命經驗的音樂（或是建立新的生命經驗）；然而布魯克納的音樂仍然吸引一代又一代的音樂愛好者，其中的原因很單純，乃是因爲他的音樂是純粹的藝術形式，完全不涉及其他；沒有角色，沒有景物，甚至也沒有什麼世俗的情緒，只有一層一層不停向上推動的音樂波浪，如同禱告一樣。

　　布魯克納的音樂是純然浪漫主義的產物，然而沒有炫耀

的成分，同時也嚴格遵守古典的形式[20]。當然，布魯克納也樂於使用新時代的工具與音樂元素，他使用「華格納低音號」加強銅管音色，也全盤採用現代小號、法國號與低音號等等樂器。布魯克納的交響曲編制龐大，層次分明，氣勢恢弘，受世人喜愛的程度始終不衰，對樂手的挑戰性也很高。挑戰性高的原因倒並非僅僅來自技巧上的困難，而是由於樂句與和聲的結構非常精巧透明，因此在演奏上特別敏感脆弱，就如同演奏莫札特的音樂一樣的困難，因此每個管弦樂團都覺得演奏布魯克納的交響曲必須精雕細琢，必須經過重重磨練方可以獲致進步。這種細膩特質在大型音樂作品上是難能可貴的。

　　布魯克納的藝術風格是十九世紀的瑰寶之一，其獨特性無庸置疑，也是德奧浪漫樂派晚期重要的橋梁，在他之前與繼他之後並沒有風格類似的作品，布魯克納的「純粹」造就了獨特的藝術性，使他由一位優秀的管風琴演奏家與理論教授的身分，進化成為音樂史上重要的一員。

　　現代小號得益於布魯克納音樂藝術的面向，主要來自於其慣用的延綿的樂句，與如同自然小號般的自然泛音系列移動；長的樂句需要深遠的呼吸與耐力，遠距離的移動則需要

20　《古典音樂 CD 百科（45）——「布魯克納 ── 交響曲鉅作」》，香港 迪茂國際出版公司，1997．p．545

精準度，表面上這些是技術問題，事實上它們是布魯克納音樂語言最重要的元素，唯有將其表現的完整與完美，其音樂的整體結構方能完整，現代小號在此得到相當重要的啓發，那就是銅管的呼吸與樂句的基本邏輯是演奏的重要基礎。仔細分析布魯克納的銅管語法，確實找不到複雜華麗的花俏技術，但是在精雕細琢的節奏與樂句結構之中，演奏者的基本動作就十分重要了，布魯克納的音樂是不顯得複雜卻非常深邃的藝術語言，它完全屬於純粹音樂的範圍，絕非寫實主義的交響詩。

第六節　史特勞斯的作品與影響

　　德奧十九世紀的浪漫派音樂發展中傳統與前衛的路線之爭一直延續到了世紀末，隨著馬勒（Gustav Mahler，1860~1911）與史特勞斯（Richard Strauss，1864~1949）的作品次第問世之後，終於逐漸平息了，並且二十世紀音樂的浪潮也隨即到來。現代小號在管弦樂方面的演奏藝術在十九世紀末德奧地區的作品中已經完全成熟，無論是演奏技巧難度或曲目重量都是如此。

　　馬勒與史特勞斯的創作主軸事實上並沒有離開浪漫派中

心道路，只是史特勞斯的藝術訴求稍稍接近華格納（前衛）的道路一些，而馬勒的創作精神則多多少少較爲接近布拉姆斯（傳統）那一邊。上述的論點是筆者就兩位作曲家作品的外在形式種類與音樂內容來談所獲致的初步看法。

史特勞斯的作品以歌劇與交響詩（多重引導主題發展之單樂章管弦樂作品）爲主，晚年的最後一些作品（《最後四首歌》1948）已經跨足無調性音樂的領域了[21]；馬勒則從未創作歌劇，而是以交響曲爲主要作品，其形式仍大致依循古典曲式。此節先探討史特勞斯的作品與影響。

在研究十九世紀德奧地區的現代小號風格發展的過程中，確實可以把技術難度曲線的最高峰設定在史特勞斯的作品上，不過其意義主要是在客觀的技巧上而非藝術內涵之上，史特勞斯的管弦樂配器技巧是音樂史上最優異者之一，他曾親自增修白遼士的《配器法手冊》，加入了許多現代樂器改革之後的用途與性能，並且不只一次的宣稱自己已經完善的掌握了一切的管弦樂配器方法與技巧，並可以隨心所欲的運用[22]。事實上史特勞斯確實苦心孤詣，所言非虛。在音

---

21 1847 年至 1848 年之間，史特勞斯完成最後的經典作品，爲女高音與管弦樂的《最後四首歌》，分別是《春天》、《九月》、《入睡》與《薄暮》。

22 《西洋音樂百科全書–十九世紀薪傳（下）》，〈理查·史特勞斯〉，邱瑗翻譯，台北 台灣麥克股份有限公司，1996．p．153

樂史上，史特勞斯也是一名公認的天才兒童，十二歲就已出版第一號作品管弦樂《節日進行曲》，由於史特勞斯的父親是任職於慕尼黑宮廷樂團的法國號演奏家，史特勞斯自幼便是在各式各樣的樂器堆裡長大的，這樣的背景對他的音樂直覺非常有益，儘管史特勞斯的天才洋溢，雙親也願意提供足夠的音樂教育資源，卻始終仍然希望他可以擁有其他的專業知識，但史特勞斯終究很快的放棄大學學業，直接進入職業音樂市場接受考驗[23]。二十歲時獲得名指揮畢羅（Hans von Bulow，1830~1894）的賞識與邀請前往曼寧根宮廷樂團擔任助理指揮一事成為他音樂生涯最重要的轉捩點。不僅開啓了他的職業生涯，也打開了他的眼界。

關於史特勞斯的藝術風格，有幾個重要的面向值得研究；其一是父親給他的影響，其二是華格納藝術風格的影響，其三是商業與世俗觀點給他的影響，最後是他同時身兼優秀指揮對創作所帶來的影響。

史特勞斯一生創作了兩首法國號協奏曲，《第一號法國號協奏曲》是史特勞斯二十歲時創作的早期作品，是一首華麗、直接且形式成熟完整的作品，這首超齡的作品無疑是作曲家對父親的回應，在慕尼黑宮廷樂團擔任法國號演奏家的

---

23 王沛綸，《音樂辭典》，台北 樂友書房，1969．p．113

法蘭茲‧史特勞斯（Franz Strauss，1822~1905）本身也是作曲家，在法國號方面的作品頗為優秀，老史特勞斯是古典樂派的追隨者，對於貝多芬、舒伯特或舒曼、布拉姆斯這一脈的藝術傳承全心維護，他對於兒子的藝術天分當然了然於胸，鼓勵史特勞斯欣賞傳統經典作品，卻同時希望他遠離華格納的藝術路線。從歷史來看，這樣的期待當然是落空了，史特勞斯在進入職業樂壇後數年，就回應自己內在創作性格的呼喚而選擇加入自我表現主義（Expressionism）[24]的新日爾曼樂派陣營，此陣營以華格納的音樂藝術理念為骨幹，相對於布拉姆斯所代表的古典樂派傳統，更多標題式音樂，更多自傳式的描寫。然而父親的影響力事實上超越了創作路線的劃分，終其創作生涯，史特勞斯都保有父親堅持的某些理念，保守的古典樂派，溫馨的鄉土音樂素材以及對於傳統音樂的回顧等等都經常出現在史特勞斯的音樂裡。1942 年，七十八歲的作曲大師史特勞斯完成了《第二號法國號協奏曲》，距離《第一號法國號協奏曲》已是五十八年之遙了，這一首圓融、悠遠寧靜的曲子已臻化境，彷彿重返純淨無爭的古典音樂懷抱，這應該就是大師的回顧，比自傳式交響詩《英雄

---

24 表現主義並未成為一個顯著的風格運動，它是十九世紀末，二十世紀初在德國藝術界興起的藝術思維，表現主義認為藝術的目的在於抒發與表達自我的經驗與情感，而非僅是表面形式的描寫。

的生涯》（1898）還要更貼近生命本質的真相。

　　華格納去世的那一年（1882）正是史特勞斯進入慕尼黑大學的同一年，這位無心於大學一般科目的大學生鎮日醉心於音樂創作，並且私下研究華格納的歌劇總譜，史特勞斯日後的創作路線早已有跡可循。十九世紀晚期，快速的科學發展，劇烈的政治制度動盪都使得社會像是一個壓力鍋，史特勞斯本身就經歷過兩次世界大戰。華格納的藝術觀點先行反映了這些人類何去何從的情結與張力，一切現況都可能是不確定的，墮落與黑暗似乎是生命必須面對的真相，而自我探索與救贖才是藝術關切的重心；年輕的史特勞斯站在世紀末的十字路口，他的選擇不多，一條通往布拉姆斯的傳統保守的純音樂藝術道路，另一條通往表現主義的標題音樂之路，然而他的選擇並不為難，很容易就可以聽見自己心裡的聲音，然後加以跟隨。華格納的藝術精神確實是為史特勞斯提供了一片沃土，由於其中心思想並非建立在一種新的規範或形式上，而是以音樂客觀的元素來進行主觀的描寫，這種表現主義的極致理想對於史特勞斯的藝術天份無疑是一大吸引力。

　　史特勞斯的音樂風格受到古典樂派傳統的培養，又受到新日耳曼樂派的啟發，然而他本身對於社會脈動，商業市場以及一切相關的樂評，出版計畫等等問題都有很敏銳的觀

察，史特勞斯並未全盤成為華格納一派的信徒，他非常明白某些傳統元素在創作上的的價值，因此作品呈現一種獨特的藝術風格，既不同於傳統也不同於華格納的樂劇。在史特勞斯的作品裡有一種庶民（社會化）文化的色彩，他常常將流行小調或俚俗小曲放在某些頗離經叛道的曲子裡（例如《蒂爾愉快的惡作劇》），史特勞斯的構思主題貼近平凡人的愛恨喜樂，他喜歡探討包括自己在內的形形色色的人物行為與動機，卻很少觸及神話或傳說，人類的道德與邪惡的兩面他都感到有趣。至於作品的市場價值這一類與金錢有關的事務，當然也在史特勞斯精明的計算之中，他深知自己作品的價值，絕不賤賣，但這並不意味他完全迎合市場的口味來創作，那並不是事實，只能說他並不活在象牙塔裡，他願意挺身反擊樂評的攻訐，也樂於將人性真實的面向反映在音樂中，當然這一切都是以他專屬的音樂語言來描繪。

如今大眾皆認可理查・史特勞斯是跨世紀的著名歌劇與交響詩作曲家，少有人提及他也是一位優異的職業樂團指揮的事實，就如同鮮少有人還會回顧馬勒的指揮事業一樣；然而這並不是一件公平的事情，如果要研究與理解史特勞斯的創作內涵，在某些層面上必須將作曲家的指揮經驗放進來看，方能正確的評估他如何形成藝術表現力的過程。

　　史特勞斯的第一份專業工作是指揮（畢羅的助手）第二
份工作還是擔任指揮（慕尼黑宮廷樂團常任指揮），從史特
勞斯二十歲投身職業樂團指揮工作開始算起，僅僅五年之後
（1889）他就展開最為多產，也最為輝煌的十年黃金時期[25]，
這十年之中史特勞斯幾乎完成了他最知名也最重要的全部交
響詩作品，這樣的成果並非偶然；早慧的音樂才能再加上實
際的工作經驗，成果驚人。史特勞斯等於是在職業樂團的音
樂環境之中完成大學深造的，年輕的他整日與各領域的演奏
專才討論與學習所有樂器的訣竅，又經常有機會與知名的獨
奏家或指揮討教藝術風格的問題，這種學習機會即使只是在
旁觀察都必定獲益匪淺，更何況是已小有作曲才子名氣的史
特勞斯！

　　史特勞斯終其一生都與樂團指揮這個身分維持著密切的
關係，當他在譜曲時，恐怕不只是在腦海之中組織聲音，而
更可能有立體的樂團演奏畫面伴隨而來，這種配器的功力，
當然傲視樂壇，同儕難出其右。由此可以理解史特勞斯經由
樂團指揮的實務經驗所學習到的技巧與他譜寫樂曲的細節是

---

25 史特勞斯自 1889 至 1899 年的創作力非常旺盛，尤其是在交響詩方面的
　主要作品均完成於此一時期，包括《馬克白》、《唐璜》、《查拉圖斯
　特拉如是說》、《英雄的生涯》、《狄爾愉快的惡作劇》以及《唐吉訶
　德》等等。

息息相關的，他的樂器色彩調配能力並非閉門造車而來，而是受到與指揮工作所帶來的啓發有關。

　　1993 年夏天筆者曾經短暫受教於維也納愛樂管弦樂團首席小號華爾特・辛格（Walter Singer）先生，他向筆者提到，史特勞斯每每在構思交響曲中小號的演奏段落時，都會親自向當時德國知名的小號演奏家請教，確定一切有關音域、技巧難度或是演奏耐力方面都到達了樂器的極限並且是樂手可以做得到的範圍爲原則；也就是說，樂手必須發揮自己最大的潛能，才能完成他的理想演奏內容。因此每一位有志於演奏事業的小號演奏者，都以能夠演奏史特勞斯的交響詩爲里程碑，如果可以完整地演奏他的曲子，就能夠保證自己的技巧，爆發力和音樂性已經具有有全方位的水準了。

　　史特勞斯的創作藝術確實有某些炫技的成分，這些繽紛，燦爛或龐大的聽覺饗宴深深吸引史特勞斯的藝術想像力，他的創新手法甚至啓發了一批新時代的小號演奏教本的出版，著名的二十世紀初小號教授夏里耶（Theo Charlier，1868~1944）在其小號教本出版前言提到，隨著時代進步，小號教本的難度必須大幅提升的原因是由於新時代作曲家的作品創心幅度很大，爲了確保演奏工作的發展，小號演奏者

也必須繼續進化，繼續挑戰新的難度[26]。

　　史特勞斯對小號演奏風格的影響主要是在技巧的提升，而不是在藝術境界的提升，史特勞斯的音樂雖然沒有貝多芬的力量，沒有韋伯的戲劇性，也沒有華格納的超越性，但是肯定是一場令人目不暇給的煙火秀，沒有人可以否認他無與倫比的音樂掌控力。然而，史特勞斯晚年的反璞歸真，或許也對作曲家的藝術思維提供了部份意在言外的答案。

第七節　馬勒的作品與影響

　　在德奧地區古典音樂的發展譜系上，純粹的十九世紀奧地利籍維也納作曲家人數並不算多，只有舒伯特、布魯克納還有此章節的主角馬勒（貝多芬與布拉姆斯都是德國作曲家）。馬勒所代表的無疑是十九世紀歐洲（不僅僅是德奧地區）最後一位純正的浪漫樂派交響曲作曲家，比他的同胞交響曲作曲家布魯克納更接近現代樂派一些，也更富表現主義一些。

　　筆者相信，若是在馬勒與史特勞斯之間進行一些簡單的

26　參閱 Theo Charlier，《Etudes Transcendantes》，Paris， Edition Musicals Alphonse Leduc，1989．p．1

比較工作，可以更清楚的觀察其音樂風格的梗概。其相似之
處如下：

一，兩人皆推尊華格納，但馬勒的創作專注在交響曲與
歌曲，而史特勞斯的作品則包括歌劇、藝術歌曲、交響詩、
協奏曲與標題式交響曲。

二，兩人的第一份音樂專職工作都是樂團指揮，且都被
公認爲優異的管弦樂指揮，其中馬勒的指揮資歷尤其輝煌[27]。

三，兩人皆擅長創作大型管弦樂團作品，並皆以專精配
器法知名。當然馬勒的管弦樂作品以交響曲爲最主要範疇
[28]，而史特勞斯則是以交響詩爲主。

馬勒與史特勞斯生涯相異之處也很多，例如史特勞斯長
壽且婚姻幸福，而馬勒僅得年五十一歲且婚姻關係並不平靜
[29]。馬勒身爲猶太裔作曲家而須面對華格納的反面政治觀點
問題。還有兩人之間最大的差異：藝術美學觀點的不同，都

---

27 馬勒的職業音樂生涯一直身兼指揮與作曲家兩者，尤其指揮的優異詮釋
　能力廣受認可。馬勒曾擔任許多職業歌劇院的首席指揮職務，包括布達
　佩斯皇家歌劇院、維也納國立歌劇院與紐約愛樂管弦樂團等等。

28 除了藝術歌曲之外，馬勒的創作都集中在交響曲，他一共有十首交響曲
　作品，其中第十號交響曲未完成。

29 馬勒於 1902 年與艾瑪・辛德勒（Alma Schindler，1879~1964）結婚，育
　有二女，長女於 1907 年夭折，次女安娜後來成爲著名藝術家。艾瑪的情
　史豐富，無法提供丈夫足夠安全感。馬勒過世之後艾瑪再嫁建築師華特・
　葛羅比歐斯（Walter・Gropius，1883~1969），1920 年離婚後改嫁第三
　任丈夫小說家法蘭茲・維爾福（Franz Werfel，1890~1945）。

微妙的在音樂歷練看似相近的兩位作曲家之間造成分野，而使得馬勒與史特勞斯的藝術成果與內涵截然不同。

　　自十九世紀以降，音樂創作者大致的形象與十八世紀之前的音樂工作者之間已產生很大的不同，十九世紀的作曲家更重視自我的表達，表現的手法不拘於形式，並且以精細（甚至誇張）的刻畫方式來鋪陳個人的生命經驗以及感受。在此之前的音樂天才前輩們必須花很多時間與心力處理音樂以外的人際關係或是行政事務，並且盡量依照公認合宜的曲式創作，從文藝復興，巴洛克乃至古典時期，出類拔萃的音樂大師如蒙特威爾第（Claudio Monteverdi，1567~1643）、泰雷曼、巴哈或是海頓等人，都是性格突出，天才洋溢的人物，但他們仍然必須謹守身分上的限制，盡力遵守工作的倫理與要求，並且完成雇主（教會或貴族）的創作任務。在十九世紀之前，音樂創作是一種藝術的勞務雇傭，這一點可以從莫札特與他父親之間的爭論看得出來，老莫札特（Leopold Mozart，1719~1787）爲了爲兒子安排一份起碼的工作機會，無數次的告誡他的天才兒子務必要感恩知足，務必要收斂個性，謹言慎行[30]。這樣一種謙卑、知足且壓抑的形象，無論

---

30 佛萊德里赫‧寇斯特（Friedrich‧Kerst）編著，《莫札特其人其事》，潘保基翻譯，台北 世界文物出版社，1995‧p‧133–135

如何都不是今日眾人對音樂藝術創作工作者的普遍印象，今日眾人一想到音樂家，腦海裡立刻出現一個飛揚跋扈，滿頭亂髮且完全我行我素的藝術家形象，這位藝術家想必不羈於世俗，為人所不敢為。並且具有天馬行空的想像力和才氣，這樣誇張（並且刻板）的印象完全拜十九世紀浪漫主義瀰漫的社會風氣與藝術傾向，以及那些勇於追求自我表現主義的躁鬱天才之所賜，新興的中產階級與音樂出版事業使得音樂家的個人形象（人格特質）更有可能成為具有商業價值的事物，當特立獨行的個人經歷成為商業賣點，而獨特的生命經驗（即使可能並不獨特）在創作之中被放大與強調，一種推波助瀾的效果就無可避免了。

其實浪漫主義並不是十九世紀專屬的藝術特質，難道巴哈的管風琴觸技曲沒有濃厚的感性訴說？誰又能夠否認莫札特的鋼琴協奏曲或是歌劇詠嘆調中濃濃的表現主義？浪漫元素的來源與人類追求愛情的心理動機相關，無數的音樂與文學作品自古以來就不斷的歌頌（或詛咒）與愛情相關的一切，這種深情的自我觸動與剖析很自然的會引申到表現主義的極致，並終究成為人類與天地萬物之間最沒有界線的交流方式，任何對此試圖加以闡述的藝術形式都分享著浪漫主義的精神。

在馬勒的音樂裡面，主要的藝術內涵幾乎都與一個人有關，這個人也就是他自己。的確，在馬勒的音樂中我們總是不斷的看見馬勒的童年，馬勒的愛情與幻滅，馬勒對死亡的恐懼等等，全部都是這些！沒有宗教關懷，沒有鳥語花香，也沒有普遍的世俗歡樂，而全都是這些說起來頗為灰暗（重度憂鬱傾向）的思想，在這一點上，史特勞斯就表現出截然不同的作品面向，史特勞斯的音樂主題也有很濃的自傳色彩，但卻是自信的，並且勇於自我嘲諷，並且較易於理解。然而，不可否認的是，「易於理解」這種特質並不一定符合浪漫派樂迷的口味就是了。

馬勒的音樂創作以交響曲為主，至於藝術歌曲的形式也深深的吸引馬勒的注意，也許是因為音符畢竟難以完全取代文字（歌詞）的魅力，馬勒的九首交響曲（第十號並未完成）當中半數都加入了人聲的編制，這當然不是偶然的，也未必完全歸因於貝多芬偉大的的第九交響曲加入人聲的部分，可能主要還是因為馬勒對文學與人聲的混合元素十分著迷的緣故。

馬勒的創作全盤接納並使用現代管樂器，對現代小號而言，馬勒的音樂語法也帶來了許多的挑戰與啟發，就技術層面而言，史特勞斯的配器手法與技巧難度確實略高一籌，但馬勒賦予小號的藝術性格卻艱深得多，因此，演奏馬勒的管

弦樂作品除了掌握力度與技巧之外，如何恰當的演奏出音樂
的情境是最重要的訴求。

　　馬勒在小號演奏上經常賦予的藝術情境有四種，第一種
是軍隊的號角聲，第二是死亡的召喚，第三種是頹廢的象徵，
以及第四種象徵所謂歇斯底里的狂亂時刻。

　　馬勒的童年生活經驗中包括經常在軍營旁邊聽見軍號響
起的回憶，這使得軍號的聲響成爲了馬勒的交響曲當中時常
出現的元素[31]，而這種情境通常與童年有關，與較爲明亮歡
樂（雖然短暫）的時刻有關。

　　死亡是左右馬勒創作能量最明顯的元素，聖經當中描述
的大毀滅與大復活的情境，都有天使吹響號角的場景，在音
樂史上以小號的演奏來象徵此一與死亡有關的音樂動機者當
然很多，馬勒也不例外，事實上，他簡直是著迷似的一再重
複這樣的手法。馬勒喜歡採用義大利式的象徵手法，三個弱
起拍的短音加上一個正拍上的長音，以這樣的音型來暗示死
亡的意象，馬勒的第四號交響曲與第五號交響曲最爲明顯，
其他的交響曲也或明或暗的出現相同的動機，小號在演奏上
述的情境時，必須兼顧灰暗與堅定兩種不同的藝術特質，才

---

31 李秀軍，《生與死的交響曲（馬勒的音樂世界）》，北京 生活‧讀書‧
　新知三聯書店，2005．p．42–45

能完整的表達馬勒對這個議題的執著與悲觀。

　　「頹廢」這種不登大雅之堂的描寫方式，卻居然可以說是最貼近馬勒交響樂美學的一個形容詞。沒有真正的英雄，也沒有深刻的國仇家恨，只有蒼涼的回憶與不久就會燒盡的熱情。馬勒的音樂往往不可能有持久的歡樂篇章，總是一轉眼就掉進自憐的，頹廢的情境裡，這種情緒可能也是十九世紀末維也納的氣氛使然，對馬勒而言（他有嚴重的憂鬱症）恐怕更是如此吧！說實話，小號對於頹廢的音樂表情是頗拿手的，在浪漫之中加入一些唯美的絕望，同時必須更進一步了解那對絕望的麻木感才是是核心的元素。

　　在馬勒的音樂裡，秩序並不是優先的考量，他似乎也對華格納式的主導動機發展方式並不感興趣，這一點與史特勞斯大不相同。馬勒最感興趣的表現方式是由「情緒團塊」分隔而成的音樂段落，這些「情緒團塊」彼此是互相對立的，即使處於最平靜的時刻，其衝突性依舊隱隱然的存在，也就是這些衝突的元素構成了馬勒音樂最吸引人的情境，這種情境，簡單的說就是一種既宿命又絕望的人生觀，除了頹廢之外，歇斯底里的狂亂似乎是另外一種必然的出路。筆者時常感覺馬勒的音樂當中秩序的短暫存在往往是為稍後的狂亂鋪路，這與史特勞斯的音樂又有不同之處，史特勞斯的音樂是

看似混亂實則充滿秩序感，而馬勒的音樂則是看似充滿秩序實則狂亂，其原因就在於馬勒的音樂是由彼此對立的情緒團塊結合爲一個不安定的組合之故。

從音樂史的演變來看，馬勒的交響曲無論在編制上或是在音響效果的鋪陳上，都達到了空前絕後的地步，在馬勒之前或許僅有華格納的野心超過他，但那種超越僅表現在歌劇形式上，以交響樂而言仍以馬勒的音樂藍圖最爲龐大，在馬勒之後，則根本沒有任何作曲家曾有過超越其規模的嘗試行動，直到電子音樂的出現，才勉強在聲響方面與其並駕齊驅。如果說馬勒的交響曲在藝術的層面上將古典形式走到了盡頭（未必是最高峰），應當不爲過，在馬勒之後，非標題性的交響曲已無人問津，取而代之的是標題音樂或是國民樂派的音樂，當然也包括由繁入簡的現代音樂。

馬勒的音樂語言，事實上距離現代樂派也僅僅一步之遙了。

第三章　十九世紀法國地區小號 演奏風格研究

　　十九世紀法國音樂的發展是最令人驚艷的;一向重視自己的傳統文化的法國人民,永遠按照自己的步調形式,並不愛盲從外國的潮流。當整個歐洲大陸都籠罩在德奧樂派的影響力之下的同時,法國音樂家正忙著改良法文歌劇,當交響詩的風潮到來,法國音樂家卻以標題音樂應戰,而當寫實主義(Realism)歌劇大行其道之時,法國音樂家則與藝術界聯手推出印象樂派(Impressionism)震驚世界。

　　法國音樂界人才輩出,歸功於它們的天才兒童教育體系,也與法國音樂界激烈的競爭環境有關,在現代小號的演奏技術方面,法國的研究與推廣貢獻很大,對於小號技法的教育發展有深遠的影響,本章主旨即在探討十九世紀法國的音樂風格演變與重要作曲家的藝術影響力。

第一節　繽紛的十九世紀法國音樂

　　從任何一個角度來看，法國在十九世紀的音樂發展都是最前衛也最自成一格的。例如，當十七世紀誇張而華麗的巴洛克風格源起於義大利時，並且以這種繁複的音樂、繪畫與建築風格影響全歐洲時，法國的建築卻仍然走在古典風格的路上。當十八世紀整個歐洲都還崇尚義大利原文歌劇的形式之時，法國早已在宮廷裡上演自己的法文悲劇，並且忙著將改良過的芭蕾舞輸出到其他國家去[1]。更不用說啟蒙運動與稍後取代巴洛克風格的洛可可風格均源起於法國了[2]。

　　法國人以它們的語言以及獨特的文化品味為榮，面對社會與文化的變遷總是不疾不徐地保有自己的步調。十九世紀浪漫主義的浪潮對於法國人而言並不是新鮮的藝術主張，因為對法國的文學與藝術而言，本來就始終都是以浪漫為核心的。雖然法國是天主教國家，但是其政治與宗教並不是很緊密，這一點與義大利或西班牙不同，在歷史上法國的君權集

1　皆川達夫，《巴洛克音樂》，吳憶帆翻譯，台北　志文出版社，博達著作
　　權代理，1972・p・111–113
2　Rococo 一詞來自法文 Rocaille（指造型華麗奇詭的石雕），此專有名詞使
　　用在音樂風格上則是指十八世紀銜接巴洛克與古典風格的過渡風格。

權統治狀況一直是穩定存在的，直到法國大革命之後，都還產生過拿破崙的皇朝。在第二共和來臨之前，法國的國家經濟政治資源都是中央集權的，因此整個國家的菁英人才，整個法國的人文發展資源自然就集中到它的政治經濟中心巴黎，使得巴黎成為法國的文化櫥窗。

十八世紀末法國大革命在巴黎引燃[3]，這把火燒向整個泛歐洲文明，甚至進而影響了全世界的社會發展走向。晚期浪漫派當中，在巴黎以德布西（Claude Debussy，1862~1918）為代表的印象樂派顛覆了理論傳統，堅持走自己的路，法國拒絕加入民族音樂的浪潮，在不使用既有傳統素材的情形下，反而創作出屬於自己文化風格的音樂。我們不可忘記，許許多多十九世紀重要的詩人，音樂家與舞蹈家都汲汲於在巴黎取經，彼此交換意見，激盪出新的創意。例如二十世紀初俄國作曲家史特拉汶斯基（Igor Stravinsky，1882~1971）就是在巴黎首演引發騷動的芭蕾舞音樂《春之祭》。凡此種種都印證了巴黎的藝術活力。巴黎不僅是法國的中心，也是當時歐洲的文創中心。

探討巴黎的藝術原創力為何強大的因素主要可以觀察三

---

3 帕爾瑪（Robert Roswell Palmer），科爾頓（Joel Colton）合著，《現代世界史（上）》，孫小魯翻譯，台北 五南圖書出版公司，1990．p．579–525

個重點，第一個重點是法國本身完整而強大的文學與藝術論
述能力，第二是法國中央集權的君主權威以及強大的封建體
系所帶來的資源集中，最後是法國的音樂藝術教育歷史悠
遠，成果斐然。上述三個觀察重點都共同導向一個最重要的
結論，就是法國獨立自主的藝術品味。

　　研究西方音樂史的發展過程，總會發現法國人對自己的
語言與藝術品味驕傲與堅持的一面，當其它的地區互相學習
模仿，並樂於迎接外國的新潮流影響的同時，法國總是冷靜
的發展自己的藝術。例如我們可以觀察到音樂之父巴哈對法
國與義大利音樂作品的興趣，研究吸收甚至加以改編運用，
也可以觀察到英國樂壇對德奧大師的歡迎[4]，更不必說義大利
音樂對整個歐洲的影響了，但是這種情形就極少發生在法國
音樂風格上，法國的音樂藝術形式始終緊貼它們自己的文
字、語言以及音樂傳統，這絕對不意味著法國文化是僵硬或
缺乏學習能力的，因為法國人有極強的創新能力，文化之中
更有豐富的藝術能量，因此，法國音樂家深知在藝術的天平
上永遠不能離開自己文化的根太遠，筆者稍後將探討研究幾
位十九世紀法國最傑出的代表性作曲家，他們的創作曲風都

4　德國的巴洛克音樂與義大利風格密不可分，巴哈也曾改編義大利作曲家韋
　　瓦第的《b 小調四聲部小提琴協奏曲》爲《g 小調大鍵琴協奏曲 》。至於
　　英國人對德國作曲家韓德爾的禮遇歡迎更是知名的歷史故事。

各不相同，然而都一致性的緊貼法國文化的根，憑藉法國豐沃的藝術土壤，耕耘出屬於全人類的文化資產。

　　法國歷史上嚴密的封建制度，儘管製造出許多使得法國大革命爆發的理由，然而不可否認的是，宮廷龐大的財富與權勢，確實委託與雇用了無數的演員，詩人，音樂家以及舞者，更不用說那許多建築師，畫家與雕刻家等等藝術工作者。宮廷保護與支持了這些精緻的藝術創作者，以奢侈甚至浪費的心態與不顧黎民百姓民生疾苦的手段，留下了這些文化資產，這些精緻的藝術精品與宏偉建築根本不可能由中世紀歐洲民間的力量達成，只有教會或封建貴族才有力量推動。雖然封建的政治制度在十九世紀已成為落伍與退步的制度了，但是不可否認的是封建制度確實曾經以集中的財富與獨裁的權力贊助與養成了極重要的藝術創作[5]。

　　法國也不例外，原來是由宮廷中的貴族所獨享的宮殿與大量的藝術品，在共和成立之後全部屬於法國全民所有，其中的歷史功過且由歷史學家來分析，但以人類文明而言，法國的藝術成就當然是人類共同的珍寶，法國古典音樂的發展與法國宮廷的依存關係十分緊密，若以德國與法國為例子，

---

5 肯尼斯・克拉克（Kenneth Clark），《文明的腳印》，楊孟華翻譯，台北好時年出版社，1985，p．138

觀察到法國與德國的政治結構不同之處；長久以來德國是由
眾多公國城邦組合而成的聯邦王國，而法國則並不是由多個
平等的小邦國聯合而成，因此法國的財富與人才均集中在巴
黎一地，而不像德國的小城邦各有特色與人才。當所有傑出
的人才都集中在法國國王身邊之後，他們的創作理念自然會
匯集形成某種主流，無論這些主流觀念形成的動力是出自統
治者的喜好或是自身文化根源的推力，這樣的主流力量都是
有利於法國傳統的存續的，如此一代又一代的經營發展了自
己的文學與戲劇，音樂與舞蹈之後，法國建立的藝術內涵始
終都是非常本土的。

　　法國的藝術教育體系開始得很早，其良好的教育環境對
於專業人才的培養居功厥偉。白遼士、佛瑞（Gabriel Faure，
1845~1924）、德布西等等幾乎每一位法國知名的作曲家都
曾經接受過巴黎音樂院的教育訓練或獎學金[6]，這樣人才來源
單一化的情形在其他國家十分罕見，可見巴黎人才集中的情
況也適用於教育界，此種成功的模式帶來的效應也是有利於
凝聚法國風格的，所謂的法國樂派一詞，不僅適用於作曲風

---

6 巴黎音樂院的全名為「巴黎國立高等音樂舞蹈學院」，成立於 1795 年，
　此時正處在法國大革命之後的第一共和時期。巴黎音樂院的前身是由法國
　國王路易十四於 1669 成立的「皇家音樂院」以及次年成立的「皇家聲樂
　學校」所合併而成的「國立音樂院」（1792）。因此可謂歷史悠久，傳統
　優良。

格，也同時適用於形容樂器演奏的風格。

　　當然上述的論點並不意味法國的藝術環境是封閉的，正好相反，法國是最注意國際潮流脈動的地方，也是充滿好奇心並勇於實驗的地方，只是法國人的藝術觀點永遠是穩固的根植在自己的文化土地上，一切的外來藝術經過吸收之後都會呈現爲法國式的藝術語言。

　　十九世紀的法國音樂十分精彩，不僅人才輩出，作品豐富，更是浪漫主義絕佳的範例，或許並不是所有的愛樂者都最欣賞法國音樂的藝術性，但筆者認爲法國音樂在十九世紀的發展與演變是十分傑出的模範，如果一個國家能夠在自己既有的文化傳承上注入活水，並成功的以經驗成果來教育下一代，那麼它必定可以像法國一樣的傑出。

　　對小號演奏風格的影響來說，法國音樂藝術的推動力是很大的，法國的作曲家與演奏家對現代小號的啓發與傳承有不可磨滅的貢獻，其影響是全方位的。現代小號的演奏風格，在十九世紀的法國翻開了新的一頁篇章。

第二節　白遼士的創新與影響

　　白遼士最知名的交響曲《幻想交響曲》首演於西元 1830

年底，這個簡單的事實看似平淡，但若考慮樂聖貝多芬的最後一首交響曲（無疑也是最偉大的一首）《第九號交響曲〈合唱〉》的首演僅僅早於前者六年之前（1824），就可以了解白遼士的《幻想交響曲》在音樂史上邁出了多麼大的一步[7]。

　　白遼士的藝術能量以及他對十九世紀音樂的貢獻經常被低估了，大部分的古典音樂愛好者都無法具體的說出白遼士的創作風格，頂多依稀記得白遼士的『幻想交響曲』當中有關求愛、鴉片幻覺、死亡與女巫魔法等等情境的片段，至於作品本身的價值或意義則印象不深。

　　白遼士的藝術創造力受到忽視是一種普遍的情況，因為無論就質與量兩方面來看，白遼士的作品在十九世紀作曲家之林中都不顯突出，他沒有創作知名的歌劇或是主流的器樂協奏曲傳世，交響樂的創作分散而未成系列作品，還留下一本如今看來已落伍的配器法著作，種種成績很難讓人將他的名字放在頂尖作曲家之列，因此這樣的成見持續了一百八十年，而且可能會一直保持下去，難以扭轉。然而事實果真如此？筆者認為大謬不然，筆者認為；由於白遼士的藝術觀點是如此之重要，以至於若是少了他的推動力，十九世紀的音

7　《西洋音樂百科（中文國際版）–牛津音樂辭典（上）》，葉綠娜、陳玫琪等翻譯，台北　台灣麥克股份有限公司，1996．p．90

樂發展恐怕會大為改觀。

　　十九世紀的音樂天才何其多？各有千秋的優秀創作更是車載斗量，但是並沒有幾個作曲家可以誇口若是少了自己的藝術創作，那麼歷史將會改寫！事實上，擁有才氣與技巧的藝術家很多，而擁有改寫歷史的革命精神與創新能力的藝術改革者則極少。藝術潮流只有這樣的先行者才有能力推動，而其他的人只能跟隨，頂多在內容上加以修飾或擴充罷了。當然筆者無意貶低後起追隨者的藝術成就，畢竟藝術內涵與創新精神幾乎是兩個不同的訴求取向，況且創新的範疇也不宜只限定在形式上或工具方面的革新，然而筆者也希望有識者對於像白遼士，或是華格納與荀白克等等走出新路的作曲家更多一份體認與了解，如此一來或可對眼前的世界形成的由來與過程有更深的認識。

　　研究十九世紀小號演奏風格的發展演變過程，就等於必須重溫十九世紀之前的傳統如何與十九世紀的社會變遷衝突與融合的過程，而此一藝術能量經過十九世紀的錘鍊之後，走到了什麼樣的高峰（或低潮），生長成多少種不同的樣貌，然後是以勝利者的歡呼或是破碎者的絕望走進二十世紀的？僅僅研究小號這一個單一樂器的音樂語言的發展，其步伐也得要不例外的走過每一個風格形成的轍痕，方能釐清牽涉其

中的外在與內在問題。

　　當筆者研讀到白遼士作品的時代背景，以及他的流浪與愛情的時候，清楚感受到他的性格就是生而為顛覆傳統而來，生而為浪漫主義靈魂而活。

　　白遼士出生在古典時期的尾聲，成長於浪漫主義的氛圍，貝多芬這一位維也納古典派音樂巨人在離世之前已經以《第九號交響曲》以及《降B大調絃樂四重奏》的音樂正式宣告自己也是一位浪漫派作曲家，貝多芬的音樂恢弘深遠，力量無遠弗屆，歐陸無人敢攖其鋒，更無人敢於對其藝術路線置一詞。然而，就在巨人離去三年之後，一個二十七歲青年（二十三歲才正式學音樂，之前為醫學預科生），在羅馬獎（作曲獎學金）落選與失戀的雙重打擊之下，於1830年發表了《幻想交響曲》，這一首作品，擺脫了貝多芬巨大的身影，走出了新路。這位年輕人就是白遼士。

　　雖然後來白遼士還是以其他的作品贏得羅馬大獎，而且也娶了當年苦戀的對象（婚姻維持不久即分手）[8]，但是他在

---

8 白遼士《幻想交響曲》之靈感來自第一任夫人女伶哈麗葉特・史密森（Harriet Smithson，1800~1854），兩人於1833年結婚，生下獨生子路易・白遼士（Louis Berlioz，1834~1867）。他們婚後十年就分居了。史密森女士於1854年過世之後，白遼士隨即迎娶已同居多年的女歌手瑪莉・瑞秋（Marie Recio，1814–1862）。白遼士的兩任妻子與獨子都先他而去，晚景淒涼。

最失意的時候構思的《幻想交響曲》卻永遠的紀錄了年輕人的執著、幻想與瘋狂，單就藝術層面而言，此作已足以傳世，但其影響則又遠遠不只於此。

就格式而言，《幻想交響曲》有五個樂章，不同於海頓的三樂章交響曲，也不同於貝多芬的四樂章交響曲，反而近於半世紀之後的馬勒；再看《幻想交響曲》的曲首標題與各樂章的副標題，都完全顛覆了貝多芬的無標題交響曲（其交響曲標題多為出版商所冠，貝多芬本人仍以作品編號名之）形式[9]，而此一無標題傳統形式一直沿用到二十世紀。白遼士的標題音樂也接近於比他晚了半個世紀出生的作曲家史特勞斯。另外《幻想交響曲》也為之後的交響詩作出預告，其主導動機的發展方式也早於華格納一步，可以說，《幻想交響曲》在格式上是大膽而革命性的產物，無論是認同或是否定它，都不能減損白遼士為十九世紀音樂揭開序幕的功勞。

在探討格式的創新之後，再看《幻想交響曲》的配器；管樂部分採取四管編制，木管方面包括英國管、高音豎笛、低音豎笛、倍低音管。銅管方面有低音號、三部長號，小號與短號各兩部與四部法國號等等。這樣龐大的管弦樂編制以

---

9 幻想交響曲分為五個樂章，分別是一：「夢境與愛情」，二：「舞會」，三：「在田野中」，四：「走向斷頭台的進行曲」與五：「女巫的狂歡」。

今日的眼光來看似乎是平淡無奇；華格納、史特勞斯或是馬勒的管弦樂作品編制都是如此龐大，但是考量十九世紀初的情形，便可明白這樣的龐大編制是前所未見的，然而對於白遼士而言，唯有如此完整的編制方足以供他發揮樂念的色彩，白遼士所有的大型管弦樂作品編制幾乎都是以上述的四管編制來呈現的。當然，白遼士出生的時代也幫了他大忙，前文提到的樂器大改革正是在白遼士成長學習的年代如火如荼的發展著，白遼士在巴黎音樂院（1826 年入學）必定立刻學習到第一手的資料，因為他很快就將發生在眼前的樂器改革成果運用在自己的創作之上了，本來法國的樂器製作工藝水準就有很優秀的傳統，並且在十九世紀的木管樂器與銅管樂器革新事業上佔著重要的地位，再加上白遼士對於樂器學以及配器法方面的議題本來就有超乎尋常的興趣與天份，這不僅僅是因為他寫的配器法著作是十九世紀流行的參考書籍，更由於他的管弦樂作品色彩配置有許多過人之處，除了不落俗套之外，也極少失誤，每一種樂器均能發揮特色與長處，搭配出繽紛的色彩。白遼士對於樂器音色的直覺與掌控能力確實是天才型的，他採用最新面世的現代樂器，彷彿使用了一輩子似的熟練，不但手法創新，而且言之有物。白遼士對管弦樂團的創新觀點，可以說是十九世紀的先驅，如果

說在他之後的作曲家多師法於他，也絕不過分。早於華格納與布拉姆斯的前衛與保守之爭三十年之先，白遼士就已經正式的爲前衛音樂的出場拉開序幕了。

　　白遼士在小號演奏的風格運用上非常有趣，前衛之中不失傳統的品味。在《幻想交響曲》之中它採用了四把小號，其中兩部是自然小號，另外兩部是現代活塞式小號（短號），在音樂性格的表現上，自然小號的特色是加強節奏表現力與添加色彩的變化，而短號的角色則是以表現旋律性的功能爲主，由於現代小號的問世，使得白遼士敏銳的察覺到這一種新世代聲音的重要性，因而立刻採用了現代小號做爲樂團的新成員，然而白遼士也沒有放棄古典樂派的傳統，他仍然保留了自然小號的傳統地位，因此在作品中產生了兩組不同功能角色的小號聲部，這樣的安排著實巧妙，也可以看出白遼士創新與細膩的一面，這種四部小號分爲兩組相互爲用的做法影響了整個十九世紀的管弦樂配器思維，連華格納也採用此一手法，法國樂派的作曲家更不用說，還有許多重要作曲家之後會一一提到。當然，隨時代的推移，自然小號的運用機會越來越少，僅存少數較保守的古典主義追隨者還會使用自然系列的樂器，然而白遼士的配器手法卻歷久不衰，上述的四聲部小號配置方式始終是十九世紀大型管弦樂作品常見

的手法。

　　白遼士的音樂風格對於十九世紀小號演奏風格有很正面的影響，他很樂於以小號來表現歡快的，明亮的以及進行曲式的風格，節奏方面經常使用快速的附點音符或是連續的三連音來呈現燦爛的效果。在為現代小號安排的旋律方面，則較少抒情的樂段，而是著重於音階和琶音的附屬角色，偶爾擔任主要旋律的地位也是以與其他樂器齊奏的方式表現居多，白遼士為小號創作的音樂是十分精采的，使得現代小號在技巧上多了一條輕快的路，並且更優雅靈巧的吹奏[10]。白遼士不認為小號的角色所佔的比重應該太重或者是很突出，事實上，法國音樂家對銅管樂器的想像本來就與其他地區稍有不同，在法國音樂中，銅管家族的音色儘管可以是光輝燦爛的，但仍然必須保持優雅與節制，不宜過分張揚。

　　白遼士的生涯並不算成功順遂，無論在家庭生活或是工作成就上都頗令人失望[11]，但是他畢竟為藝術做出了天才的一搏，也為浪漫主義付出了自己全部的心力和生命，無論世

---

10 白遼士為小號譜寫的精采片段當中最著名的就是《幻想交響曲》第二樂章〈舞會〉之中貫串全曲的小號獨奏，音樂精巧靈動，將現代小號的性能與特性發揮得淋漓盡致。由於這段小號獨奏太過於突出，大多數演出都捨棄不用。

11 久納慶一、菅野浩和等著，《白遼士》，林勝儀翻譯，台北 美樂出版社，2004．p．6–13

人是否完全認同他的作品成就，筆者都認爲白遼士在藝術的
道路上可以說是無愧的了。

第三節　法朗克、聖賞與佛瑞的藝術

　　在十九世紀法國的優秀作曲家之中，絕大多數都在巴黎
音樂院接受過音樂藝術的訓練與薰陶，這是筆者在前文提到
過的法國獨特優良高等藝術教育傳統所產生的影響。令人驚
異的是，如此強大又專注的文化藝術傳承教育體系，居然能
夠培育出那麼多獨立且多樣化的傑出藝術人格，也就是說，
在一百年前的法國高等音樂教育體系裡，學院派的教育宗旨
已非塑造思考方式一成不變的音樂從業人員，而是要培養能
以獨立的觀點在自己的文化土壤上耕耘的藝術家，以這樣的
觀點來看，在探討十九世紀法國音樂影響力人物方面，法朗
克（Cesar Franck，1822~1890）、聖賞（Camille Saint-Saens，
1835~1921）與佛瑞（Gabriel Faure，1845~1924）這三位知
名法國作曲家可以放在一起探討，這麼做的原因有三；第一
個原因是法朗克、聖賞與佛瑞三位十九世紀法國作曲家的出
生年代前後大約都有十年的差距，較早出生的法朗克比最晚
出生的佛瑞年長了二十三歲，居中的聖賞則比佛瑞年長十

歲。若是以十年為一個文化世代間隔來觀察，經由上述三位法國作曲家的創作藝術恰好可以比較完整地觀察法國十九世紀中葉以後的音樂藝術風格演變。

　　第二個原因是上述三位傑出法國作曲家都頗為長壽，尤其是聖賞與佛瑞享壽都高於今日先進國家人民的平均壽命，而且他們的創作生涯都從十九世紀延伸到二十世紀初，這個事實對於研究工作是很有利的。作曲家若是能得享高壽，則他們所見證的歷史事件與社會變遷必然更多，若是能透過他們的創作記錄下來這些不分巨細的變化，這樣的軌跡對於研究者而言自是無比寶貴且無比真實的，更何況上述三位作曲家不僅長壽，而且都是努力創作不懈直到最後一刻的藝術家，其保持工作永不言退的旺盛創作能力令人讚嘆。

　　第三個有利的研究原因是上述三位法國作曲家的創作風格都十分不同，這種現象也是非常有研究價值的對象，他們都同屬於法國文化的土壤培育出來的音樂家，而且生長的世代是彼此緊接著的，然而他們的藝術品味與眼光仍然發展出各自獨立的境界；法朗克古典而嚴密的創作風格、聖賞多變的曲風與幽默感以及佛瑞的抒情優雅，彼此之間是如此不同，卻又完整的代表了十九世紀法國音樂的神髓。假設他們的音樂藝術有任何互相模仿的意味存在，前述的觀點就無法

成立了，正因為他們始終都是以忠於自我的精神在文化土壤
上努力耕耘，十九世紀的法國音樂方能如此繽紛，其影響力
方能無遠弗屆。緊接在法朗克、聖賞與佛瑞之後，專屬於法
國的印象派音樂誕生了，其緣起除了視覺藝術的風格影響之
外，音樂上的獨立創造精神也是主因，這也是法國音樂迷人
之處。

　　嚴格來說，法朗克是比利時籍作曲家，但筆者寧願以法
國音樂家來看待他，因為法朗克自少年時期就在巴黎生根
了，十五歲入學巴黎音樂院，之後在巴黎擔任教會專職的管
風琴師，五十歲時成為巴黎音樂院管風琴教授，這樣的經歷
可以判斷他的音樂生涯與巴黎的一切都是密不可分的[12]。以
法朗克個性低調的程度來看，他在生前無什知名度也就可想
而知了。鋼琴神童出身，法朗克的音樂生涯僅被認為是一位
優秀的管風琴演奏家，而不是受巴黎樂壇一致認可的作曲
家。但事實上，法朗克一直創作不輟，主要的作品是歌曲、
歌劇、神劇與室內樂等等，但是，當代的人們仍然只認同他
出色的琴藝，而一直忽略法朗克的作品。

　　不幸的是，法朗克於 1890 年中發生了嚴重的車禍，並導

---

12 《西洋音樂百科全書–十九世紀薪傳（上）》，陳樹熙、秋瑷翻譯，台北
　台灣麥克股份有限公司，1995，p．111–121

致他在數月後過世[13]，而在此意外發生之前，法朗克的作曲家聲譽卻正處於直線上升之際，多年累積的創作成果終於在法朗克晚年漸漸受到肯定，意外發生前一年法朗克才發表了空前成功的作品《d小調交響曲》，並緊接著發表著名的《D大調絃樂四重奏》，僅靠這兩個作品的深度與內涵，他也足以名留青史了，很難想像若是上天多給法朗克一些創作時間，他還能創作出多少不平凡的音樂篇章！但一切都被1890的不幸意外終止了。

今日愛樂者已極少有知曉法朗克的管風琴演奏家背景者（也大多不知他原是比利時籍），但他作曲的成就早已受到普遍的肯定，法朗克的作品格式嚴謹，承襲舊時代的傳統，但在精神上則融合世俗歌曲（法國香頌）與宗教意象（神劇與彌撒）的元素，那是一種結構緊密，充滿豐富旋律性的純粹音樂作品。旋律的力量在法朗克的創作之中佔據著重要的地位；這句話聽起來似乎頗為多餘，因為任何一位作曲家都重視旋律的地位；然而在法朗克的樂曲之中，源源不絕，層出不窮的漂亮旋律充塞在每一個段落；主旋律與副旋律難分軒輊，是他最傑出的作品特色。

---

13 1890年五月，法朗克在前往聆聽一場音樂會的路上被馬車撞倒，意外發生之後法朗克以為自己僅受輕傷而不以為意，但是車禍的後遺症終於在同年十一月奪走他的生命。

　　法朗克並未採取很複雜的動機發展段落來充實他的樂曲，而是以較簡單的倒影、增值與減值等等簡單的手法來重現曲中優美的旋律。任何人只要聆聽過一次法朗克的『d小調交響曲』，必定會在心上牢記那些旋律，如烙印一般印象深刻，並且再次聆聽時也可以立即辨識出其難以錯認的特色，此一特色證明了法朗克確實是純粹音樂主義的大師。

　　管風琴也是攸關法朗克作品特色的元素，與奧地利作曲家布魯克納相似，法朗克也是一位很傑出的管風琴演奏家，只是布魯克納極少創作室內樂，而法朗克則頗熱衷於室內樂的創作，至於交響樂方面則是布魯克納以數量勝出，而法朗克則質精量少，平心而論，法朗克的交響曲比布魯克納的作品要更富有管風琴特質，更優美也更平易近人，或許是因為法朗克的旋律太美，相形之下布魯克納的音樂則比較像是說教一般較難討好聽眾。然而儘管如此，法朗克的音樂卻絕不會使聽眾有「通俗」的感覺，它始終都是很古典而嚴謹的藝術作品。

　　布魯克納的交響曲當中使用的小號編制是三部小號（類似巴哈的管弦樂編制），而法朗克則使用白遼士的手法，使用四部小號編制，都是現代活塞式小號，上面標明是兩部短號與兩部小號，其分工概念與白遼士相同，但在實質上可說

是頗有差別，因為它們都可以演奏旋律，只是分工較細而已，一組擔任較為旋律性演奏，另一組則擔任較為信號式的角色。這種概念對十九世紀晚期的交響樂影響很大。

在十九世紀法國作曲家之中，聖賞是較廣為人知的一位，很重要的原因乃歸因於他著名的作品《動物狂歡節》（1886）。很少人知道聖賞的《動物狂歡節》那唯妙唯肖的生動音樂其實並非僅為描寫那些天上飛的，地上爬的或水裡游的各類生物而作，它其實是對於當時裝腔作勢的音樂圈同行之諷刺之作，這首標準的黑色幽默管弦樂組曲由於作曲家不願遭致全體同行的攻擊謾罵，以致要等到聖賞過世之後才重見天日，爾後的發展則令人毫不意外，《動物狂歡節》成為音樂史上最受歡迎且老少咸宜的古典（通俗？）音樂作品[14]。這確實是一則反諷意味十足的真實故事。然而聖賞的藝術生涯成就當然遠遠超過一首《動物狂歡節》所能夠代表的，聖賞活了八十六歲，從他十三歲以鋼琴天才兒童之姿進入巴黎音樂院之前他已開始嘗試作曲，經過七十年充實又輝煌的藝術創作歲月，直到過世那一年（1921）聖賞仍然沒有停筆。依然不停地譜寫音樂傑作，創作力非常驚人。

---

14 動物狂歡節（The Carnival of Animals）全曲分為十四個段落，聖賞於1886年完成此曲，但正式公演直到聖賞去世之後次年1922年才舉行。

聖賞的音樂生涯開始得很早，與前輩法朗克一樣，在鋼琴之外也在音樂院習得管風琴為第二專長，並且年輕時有一段時間成為專職的教會管風琴家（演奏），也曾擔任鋼琴教授（教學），以及參與法國國家音樂學會的創辦工作（行政），由上述的工作經歷來看，不難想像聖賞的能力、興趣與體力都是極優異且全方位的[15]。更何況，聖賞在演出、教學與行政工作之外從未停止音樂創作！聖賞的創作領域極廣，並且在每一個方面都都十分成功，聖賞可以隨心所欲運用的樂器不只是鍵盤樂器，還包括所有的管弦樂器在內，他幾乎為每一種樂器都譜寫過協奏曲或奏鳴曲，聲樂也是他喜愛的，優秀的法文歌劇《參孫與姐莉拉》即出自他的手筆，他的創作曲目之中當然也包括三首交響曲，以及四首標題式的交響詩。聖賞的天才之高似乎看不見盡頭，讓人想起在音樂上同樣無所不能的音樂神童莫札特，不同之處是聖賞成名甚早，也比莫札特長壽得多了。

聖賞音樂風格的面向是很寬廣的，這與他寬廣的創作領域有關，但是還是有一些明確的主軸貫串其中，使得愛樂者一聆即知是聖賞的音樂。這些特質包括法語的韻律，鮮明的

---

15 《古典音樂 CD 百科（20）——「聖賞——法國樂壇的巨匠」》，香港 迪茂國際出版公司，1997．p．233–235

節奏感與獨特的旋律，以及一些只可意會無法言傳的溫暖與幽默感在其中，綜觀而言，聖賞的音樂結構與形式均取材自當時的時代背景，在形式上，聖賞是很保守的古典主義追隨者，他對於革命式的改變興趣缺缺，但若以內容來看，卻很難再找到更浪漫的音樂內涵了。聖賞同時也是浪漫主義的信仰者，然而還加上了「節制」的品味，極為浪漫但決不失控，決不過分，聖賞的音樂創作因此有一種室內樂的精緻。

聖賞以他豐富而多樣化的作品縱橫歐陸，他的音樂既不追求炫技前衛，也不一味古板保守，而是以十九世紀普獲認可的形式來著手完成自己理想的作品，他的作品確實是十九世紀法國音樂的典範之一，是一個始終保有赤子之心的君子所吐露的肺腑之言。

佛瑞，曾擔任巴黎音樂院的院長長達十五年（1905~1920），功績卓著，佛瑞是聖賞的入門弟子，雖然他並不是巴黎音樂院畢業生，但是在學習音樂的歷程上與聖賞極為類似[16]，都曾是優秀的教會管風琴師，同樣成為鋼琴教授（巴黎音樂院），也同樣從事行政工作（院長），當然師生二人也都很長壽。佛瑞的作品不少，雖然無論是種類或是數量都遠遠不

---

16 佛瑞雖曾擔任巴黎音樂院院長一職，但是他本人並非出身於巴黎音樂院教育系統，佛瑞早年接受正式音樂訓練的地方是尼德梅耶聖樂學校（Ecole Niedermeyer），以教會音樂與管風琴為主要學習科目。

如聖賞（當然這方面能與聖賞相比的作曲家極少），但是佛瑞的音樂自成一格，辨識度極高，意境恬淡深遠，其不凡的成就被認為是法國音樂的精髓之作，甚至被視為法國學院派的代表人物！這種公認的超然地位恐怕連他的恩師聖賞都得不到[17]。

　　比起聖賞來說，佛瑞的音樂素材更貼近於法國的詩歌與文學的意境，他不喜歡誇張喧囂的氣質，也對龐大的音響效果不感興趣，他試圖營造一種貼近內心世界的感性樂音，僅僅以幾個簡單的音符就可以描繪出適當的情境是他追求的最高境界，這種能力其實聖賞也有，只是聖賞的興趣和才能太廣博了，因此沒有突顯出他輕描淡寫的功力，佛瑞的音樂則從未試圖取得國際化的認可與成功，他專注地以法國的文化底蘊，輕輕的用音樂訴說詩意。其結果反而引起了全世界愛樂者的真心擁戴，一致認為佛瑞的音樂是十九世紀法國音樂反璞歸真的代表性人物。

　　本節探討的三位作曲家；法朗克、聖賞與佛瑞，他們的音樂生涯有著一些極為相似的歷程，但他們都沒有蕭規曹隨，固步自封的習氣，而是揮灑屬於自己的創意，為十九世紀的法國古典音樂建立了獨特的貢獻。另一方面，也可以看

17 周同芳，《佛瑞與法國藝術歌曲》，台北 全音樂譜出版社，1990．p．4–8

到十九世紀法國的藝術教育是類似於菁英教育的模式，其成果之豐碩是有目共睹的，隨著時代的變遷，普及式的音樂教育理念以及大量音樂學術專才的需要使得各大學普遍的設立了各級學位的藝術學院，然而法國至今仍堅持巴黎音樂院的菁英傳統，以師徒傳承的精神爲教育主軸，培育一流的人才。

聆聽上述三位大師的音樂，似乎是欣賞同一棵大樹生長出來的枝枒，樹葉或是花朵與果實，雖然姿態、顏色或是氣味都是不同的，然而追根究柢卻是同根所生，他們的藝術魅力不僅僅來自天才和努力，也來自法國文化深厚的根源。

第四節　比才的歌劇藝術

根據非正式的統計，二十世紀上演次數最多的歌劇，可能就是法國作曲家比才（Georges Bizet，1838~1875）的作品《卡門》[18]。《卡門》全劇以法文演唱，劇本內容離經叛道，兒童不宜；1875 年此劇在巴黎首演，慘遭觀眾與同行惡評，這失敗的首演對比才而言是承受不了的打擊，纏綿病榻三個

---

18 比才的歌劇《卡門》（Carmen）是四幕歌劇，故事來自小說家梅利眉（Prosper Merimee，1803~1870）的同名短篇小說《卡門》。劇本由梅拉克（Henri Meilhac，1830~1897）與艾勒韋（Ludovic Halevy，1834~1908）共同完成。

月之後居然就此與世長辭，得年只有三十七歲。

欣賞過歌劇《卡門》的愛樂者，應該沒有人會認為比才小題大作，太過分介意一時成敗；因為此劇之精采程度與首演的失敗實在反差太大！《卡門》全劇長達三個半小時，劇情緊湊，一氣呵成，絕無冷場；此外，無論主角、配角乃至合唱團的每一首詠嘆調、重唱與大合唱等等無一不是珠玉之作，經典中的經典，史上除了披頭四合唱團的流行金曲之外，被改編的次數最多的應該就是《卡門》一劇當中的詠嘆調了！即使撇開劇中豐富的歌手美聲旋律不談，比才還為全劇譜寫了多首專由管弦樂演奏的前奏曲，間奏曲等等，每一首都是今日音樂會的常客，每一首都是令人低迴不已的傳世之作。實在很難相信這麼偉大的（或許不是最崇高的）歌劇會面臨失敗的首演！然而，比才若是地下有知，應該也會對日後人們的平反感到欣慰的。

筆者專為比才開闢一個篇目的原因，並不僅僅是因為比才創作了極美的歌劇《卡門》而已，因為比才還有其他的音樂傑作。筆者最有興趣的，是比才對管樂器，由其是小號的角色運用有非常獨到的地方，這些藝術層面的突破是十九世紀小號發展的重要動力。英國藝術史學家肯尼斯．克拉克（Kenneth Clark）在《文明的腳印》一書之中說到「……在

文明的發展歷程當中，有時候人類以一般進化條件下難以達成的速度躍進……」[19]，如果我們同意克拉克的看法，那麼與人類的生活方式有關的一切諸如科學、政治、哲學與藝術等等領域的觀念突破（文明的進展），有時候並不是隨著時空自行演變而來，或是在傳統的軌跡上自然演化而來，而是由不可測的天才人物所揭櫫的新觀念所帶領的思考跳躍。筆者在此無意對此進行正反的辯證，但是願意在某些層面上採用這種看法，純粹因為它在某些事件上確實可以推演出合理的解釋。

　　十九世紀的小號演奏風格發展與法國地區的小號演奏學派發展有十分密切的關係，由於法國的樂器製造工藝水準一直都是歐洲首屈一指的地區，法國音樂界對於現代樂器的改革是最敏感的，接受度也很高，從白遼士的作品就可以印證這一點，而且從法國菁英集中式的音樂教育系統來看，其演奏技法的傳承也非常嚴密，巴黎音樂院的師徒制教學傳統對此貢獻卓著。在十九世紀現代小號問世之後，之所以能夠在極短的時間內成為獨奏樂器，法國學院派的鑽研與傳授確實居功厥偉。他們著書立說，親力親為，努力的將小號推廣成

---

19 肯尼斯‧克拉克（（Kenneth Clark），《文明的腳印》，楊孟華翻譯，
　　台北　好時年出版社有限公司，1985‧p‧50

為獨奏樂器的角色，一點一滴的扭轉小號的藝術地位，由這些新時代小號演奏先驅者留下的文獻諸如教本、音樂會小品或是論文來看，這些法國最早的小號演奏家與教師真是極有毅力與恆心，努力的分析與歸納各種的小號演奏技法和開拓演奏領域，其成果極為豐碩。

　　然而筆者認為，歸納與推廣的熱情與成績再怎麼偉大，還是無法和藝術風格的創造相提並論，因為風格的發展永遠是創造在先，而歸納的工作追隨於後，歸納的成果則成為推廣的基礎，因此歸納整理和推廣的工作雖然可敬，但是創造的能力更加可貴！十九世紀小號演奏的發展也是如此，筆者的研究工作若是僅僅侷限在現代小號的改良與十九世紀小號新演奏技術的研究推廣之上，則可能無法分析風格演變的核心問題，因為『創造』才是問題的關鍵，歸納和推廣工作並非核心。十九世紀完成的小號演奏教本當中所介紹的所有技巧類型與音樂種類，幾乎完全都取材於當時可見的傑出音樂創作，例如羅西尼的歌劇、華格納的樂劇、或是白遼士的交響曲等等，十九世紀是工業技術與社會制度大改變的時代，每一位作曲家都面臨變動快速的新局，因此作曲家的挑戰（或是本能）就是以他們的天才與藝術品味賦予小號若干前所未見的演奏風格。

所謂的小號演奏教本，就是一種最有效率的演奏法歸納成果，幫助初學者一路進階到高級班的教材，其中的範本自然都來自於前述的經典創作，這是最實用，也最符合藝術性的做法。

比才的音樂，就有著極豐富的創意，為樂器的演奏領域提供了許多的絕佳範例，非常值得研究。職業管弦樂團的演奏家都知道比才的曲子不容易演奏，因為聽眾在聆聽比才的樂曲時會產生一種純粹感，這種透明而單純的美感，幾乎可以說是『簡單』的感覺。這種『簡單』卻無比美好的音樂性是所有演奏者最大的挑戰，就如同莫札特的鋼琴協奏曲，聽似純真易懂的故事，其實最是難彈，幾乎是鋼琴家的最大難題，比才的作品就有這樣的特色，它的性質並不屬於通俗也不屬於古典，因為兩者都無法涵蓋其深刻的故事性，它非常單純且直指人心，佔據在藝術的最高形式『精神層面』之上，不借重宗教、種族或是政治正確的教條，也不借重聲光場面的特效，一切都以音樂本身來說話。比才當然承認歌劇必須具有一定比例的娛樂性，但是娛樂決不會在比才的歌劇當中取代真摯的情感，試問有誰聽到《卡門》第三幕當中蜜卡拉（男主角荷西的未婚妻）所唱出的祈禱詞而能不感動流淚？

比才九歲就以神童之姿進入巴黎音樂院就讀，十九歲就

贏得羅馬獎（Prix de Rome）的獎學金。何謂羅馬獎？它是法國歷史悠久的藝術創作比賽，作曲項目始自於 1803 年，參加作曲比賽者的資格之一爲巴黎音樂院的學生，資格之二爲年齡三十歲以下者方能參賽，其歷屆得獎者當中名人極多，白遼士、古諾（Charles Gounod，1818~1893）、馬斯奈（Jules Massenet，1842~1912）與德布西均在其中，比才的作曲恩師（後來成爲岳父）艾勒韋（Jacques Halevy，1799~1862）也是 1839 年的大獎得主。羅馬獎的第一名得主除獎金之外，最重要的是可以獲得免費赴羅馬學習音樂的機會，由此可以看出法國高等藝術教育的制度，是以各種大大小小比賽來發掘人才（考獎），並且是非常注重國際交流與學習的機會的。

　　比才在 1863 年發表的歌劇《採珠女》頗受樂壇肯定，但在此之前的作品幾乎都受到冷落的待遇，其實他更早年的作品例如《C 大調交響曲》、《阿萊城姑娘》管弦樂組曲也都是珠玉之作，至今仍是世界各地音樂會經常上演的曲目。在距離《採珠女》的小型成功幾乎十年之後，比才終於開始著手籌備《卡門》的作曲工作，此時他的恩師（岳父）老艾勒韋早已去世，比才在音樂上發揮了他的天才，雖然天不從人願，《卡門》一開始的失敗意外地終結了比才的創作生涯，然而《卡門》遲來的成功也將比才的藝術創造流傳下去，永

不被遺忘[20]。

　　比才對所有的管樂器都了解得十分透徹，不但如此，比才還有一種極為敏銳的直覺，知道在什麼樣的情境之下必須使用什麼樂器來表達才適當，在演奏技巧上，比才從來不會故意的炫技，也不會以不合理的的方式呈現音樂，但是這絕不是說比才的技法老舊保守，而是說明他的配器是以最適當的方式表情達意，卻又可以兼顧樂器性能與技巧的極限，使之發揮最佳的音色與效果，這正適足以說明比才高超的配器手法。

　　前文提到比才的音樂對於十九世紀的小號演奏風格有重要貢獻，就是指出比才運用樂器的特殊天份為現代小號創造了更多的範例與新的可能性，例如以小號的最低音域吹奏《卡門》前奏曲起頭那令人毛骨悚然的不祥旋律[21]，或是由舞台小樂隊吹奏的連續十六分音符快速旋律，表現出鬥牛場上的熱鬧景象，還有令人印象深刻的響亮軍號，快速跳躍的三連音等等，都是當時創新的寫法，經過學院教授的歸納與吸收，立刻提升了小號的演奏範疇，也為新一代的作曲家提供了更

20　《古典音樂 CD 百科（91）–「比才–光芒萬丈的傑作」》，香港　迪茂國際出版公司，2000．p．1085–1087
21　在所有國內外交響樂團小號演奏團員甄試指定曲目當中，比才的歌劇《卡門》前奏曲是必考的曲目。其必考原因乃是由於該曲目小號聲部的演奏牽涉到低音域的音色與掌控力，演奏者無從隱藏其實力高低之故。

多演奏技巧可能性。

　　比才的一生雖如流星一般的短暫，但他確實是十九世紀法國樂壇天空之中最閃亮的明星之一，他的音樂不僅充滿法國音樂的特色；抒情、優雅又浪漫，並且更是全人類的文化遺產，其影響力足以在他的時代領先群倫。

第五節　『六人團』以外的法國樂壇

　　本節的主題其實應該是"在德布西、拉威爾（Maurice Ravel，1875~1937）與『六人團』（Les Six）[22]之外的十九世紀法國樂壇作曲家們"，由於筆者將會在下一個篇目探討德布西與拉威爾的音樂藝術，因此在此篇目僅特別標示出『六人團』以外的範圍，為何不在此探討法國『六人團』的風格與音樂理念？其原因就如同筆者在本書研究範圍中所說明的，由於本書的內容聚焦於十九世紀歐洲的音樂風格之特色與變遷，因此二十世紀的音樂潮流與運動並不列入研究範

22　二十世紀初法國樂壇一股反對華格納音樂與印象派音樂的新古典主義作曲家，他們尊薩替（Erik Satie, 1866~1925）為師，成員包括杜雷（Louis Durey, 1888~1979）、奧乃格（Arthur Honegger，1892~1955）、米堯（Darius Milhaud, 1892~1974）、泰勒菲赫（Germaine Tailleferre，1892~1983）、普朗克（Francis Poulenc，1899~1963）與奧西格（George Auric，1899~1983）。

圍之故。法國『六人團』是成立於二十世紀初的法國新浪潮音樂（音樂簡化運動）作曲家組織，其宗旨是創作新時代音樂，揚棄十九世紀浪漫主義與德布西的印象主義音樂，它確實超出了筆者原先設定的範疇，因此筆者在此節仍將要聚焦在十九世紀的法國樂壇，研究幾位前文尚未介紹的傑出十九世紀法國作曲家。

在十九世紀法國樂壇中最閃亮的明星或許是聖賞、比才、德布西或是拉威爾幾位作曲家，因為他們的作品在世界各地上演的機會與次數都是最多的，因此他們擁有很高的知名度與代表性。然而法國音樂的層次實在太豐富了，無法以少數幾位優秀作曲家的風格涵蓋一切，以十九世紀而言更是如此，自十八世紀洛可可風格（古典前期）運動由法國發軔以來，崇尚寫實與自然主義（Naturalism）[23]的藝術觀點始終是法國藝術的主流，浪漫本來就是拉丁民族的文化成分，但法國的樂壇並不樂於盲目跟隨日耳曼地區的浪漫主義浪潮，而是以自己的步調走自己的路，這種文化上的獨立性是法國音樂重要的特徵。

十九世紀法國獨有的法式浪漫主義、自然主義與寫實主

---

23 「自然主義文學」與「自然主義藝術」是兩個不同的領域，但以自然主義來看，乃指一切自然的，唯物論的實際探討範圍，而不牽涉超自然的領域。

義等等組合而成的個人表現主義融合物，其音樂結構並不崇尚強烈厚重的力道，色彩上則雲淡風清，點到為止，表現旋律的細膩優美是樂思的重心，法國音樂給人的感覺似乎永遠是一種美好且無負擔的心靈享受，一般而言，並不常觸及傷害、衝突與死亡之類的強烈命題！因此，法國音樂比德奧地區的音樂輕盈，比義大利歌劇更沒有負擔；法國作曲家似乎有一種默契，將音樂保留給生命當中最浪漫柔軟的事物，至於堅硬殘酷的部分就交給文學或戲劇來詮釋。筆者懷疑這與法國宮廷音樂的傳統有關。總之，法國作曲家的技巧是無與倫比的，但是他們的音樂總是避開沉重的題材則（與文學相反）也是事實。

接下來要探討的幾位十九世紀法國樂壇代表人物，都是國際知名的音樂家，同時也是法國音樂藝術的最佳詮釋者。他們或許沒有比才的驚人天分，也不像聖賞如此多才多藝，更缺少德布西創新的革命精神，但是，如果缺少了他們的藝術創造，法國音樂將黯淡無光，因為他們是法國浪漫主義獨特意境的維護者與推廣者，今日大家熟知的十九世紀法國音樂，其實主要是建立在由他們所接力奠定的基礎格局之上的。

古諾（Charles Gounod，1818~1893）的音樂是十九世紀法國作曲家之中最有宗教氣氛的一位，他最為世人熟知的作

品是依據巴哈《鋼琴平均律》第一首所創作的《聖母頌》，
此一宗教意涵深遠的樂曲充分表現出法國式美聲旋律的精
神，與巴哈原作搭配得天衣無縫，是不可多得的音樂藝術極
品。古諾的特殊貢獻在於他對聲樂的敏銳度，以及合唱音樂
的優秀創作，這一點可由他的創作歷程找到原因。古諾於巴
黎音樂院求學期間，師事於艾勒韋，學習的成果極爲豐碩，
二十一歲就得到羅馬獎的肯定，但是古諾真正成名的時機，
卻還要再等二十年之後歌劇《浮士德》大獲成功時才到來[24]。

　　遠在古諾以《浮士德》成名之前，他在羅馬學習的時期
產生對聖樂（宗教音樂）以及合唱音樂的興趣，這成爲他一
生最深遠的藝術目標，古諾後來一直以優秀的合唱團指導而
聞名，他在英國倫敦居留期間，創立〔古諾合唱團〕並親自
指導，推廣合唱音樂創作。古諾的作品宗教類與世俗題材各
占一半，他是著名歌劇作曲家，也有多部神劇、彌撒曲與安
魂曲的作品，其作品架構完整，邏輯清楚而且清新悠遠，古
諾晚年潛心宗教，創作方面則完全以聖樂爲主了。

　　除了聖賞之外，十九世紀法國作曲家之中最多才多藝者
非奧芬巴哈（Jacques Offenbach，1819~1880）莫屬。奧芬巴

24　《古諾「浮士德」：音樂分析・腳本・選曲》，人民音樂出版社編輯部，
　　北京 人民音樂出版社，1991・p・3–5

哈是極多產的喜歌劇（世俗題材）作曲家，根據記錄，他一生創作過八十九齣類似的歌劇，其中較為今日愛樂者熟知的劇目包括《霍夫曼的故事》，《天堂與地獄》等等[25]。奧芬巴哈創作這麼多歌劇的原因，乃因為他自己就是劇院經營者之故，他不只有商業頭腦，也有行政長才，藝術方面更可說是很了不起的通才；奧芬巴哈乃巴黎音樂院出身，原本是大提琴演奏家，後改行歌劇指揮，迷上歌劇之後，又嘗試譜寫歌劇，最後乾脆親自經營劇院，從作曲、製作、排練、演出到售票無一不包。很難相信有任何一個人能有如許精力來完成這麼多的工作，但是奧芬巴哈卻辦到了！

　　奧芬巴哈輝煌的成就來自於他大膽的夢想和果決的執行力，但風險也隨之而來，奧芬巴哈五十歲時開始籌備一個新劇院的興建計畫，此龐大計畫終究拖垮了他的財務，並以失敗作收。奧芬巴哈曾經大受歡迎的事業自此後步入低潮期，他逝世於 1880 年，享壽僅六十一歲。

　　奧芬巴哈的作品主要是為普羅大眾所譜寫的通俗歌劇，以來自一般平民生活的有趣情節為主，他的創作類型很接近奧地利作曲家蘇佩（Franz von Suppe，1819~1895）的形式。

---

25 彼得·加蒙（Peter Gammond），《偉大作曲家群像 ── 奧芬巴哈》，余慕薌翻譯，台北 智庫出版社，1995．p．5-8

蘇佩是知名輕歌劇作曲家，同時也身兼歌劇指揮，他生平完成歌劇多達二百餘部，作品包括《輕騎兵》與《詩人與農夫》等知名作品。這麼大量的作品難免較爲公式化一些，然而奧芬巴哈的音樂還是流露出優美可喜的氣質，兼具浪漫與寫實主義於一身，例如他著名的詠嘆調《船歌》就是一首極優美的寫景音樂，使人如親臨其境一般的寫實，而他的《康康舞曲》（來自於歌劇《天堂與地獄》）更是早已成爲巴黎歡樂華麗之夜生活的主題曲，歷久不衰。奧芬巴哈的配器緊湊有力，較少弦外之音，而是屬於平鋪直述的音樂結構。或許他的背景少了學院派作曲技法的培養過程，因此他完全以劇場的效果爲指導原則，反而有一種輕鬆練達的風格，在喜歌劇的領域之中，奧芬巴哈確實留下長存的曲目和深刻的藝術價值。

　　夏布里耶（Emmanuel Chabrier，1841~1894）最爲世人所知的作品是《西班牙狂想曲》，此外他尙有歌劇作品以及鍵盤音樂作品（都是標題音樂）問世，作品數量總合並不多。然而，若是世上真有作曲家能僅僅靠著一個成功的作品而名留青史，那麼夏布里耶和他的《西班牙狂想曲》就是一個例證[26]。《西班牙狂想曲》創作於 1883 年，是一首光彩奪目，

---

26 夏布里耶本是公務員，四十歲以後才轉換跑道從事作曲，《西班牙狂想曲》完成於 1883 年，其靈感來自他 1882 年的西班牙之旅。

活力四射的作品，全曲的架構建立在知名西班牙舞曲〈霍塔舞曲〉（Jota，六八拍子）與〈馬拉加納舞曲〉（Malaguena，三拍子）的節奏風格之上，此曲管弦樂配器編制龐大，夏布里耶發揮出驚人的想像力和嚴密的組織功力，使得《西班牙狂想曲》的結構幾乎像是一首道地的歌劇序曲一般的充滿戲劇性、故事和畫面。夏布里耶也使用當時大型管弦樂團流行的小號編制，兩部小號加兩部短號分工合作，他對銅管的運用手法十分到位，清楚的知道所有的寫法和音響效果之間的關係，快速的斷奏、弱音器的使用、圓滑奏的運用等等都很適當，可以確定在十九世紀晚期小號的演奏風格已經是很成熟的音樂素材了。

馬斯奈（Jules Massenet，1842~1912）出身巴黎音樂院，二十一歲獲得羅馬獎，三十六歲被任命爲巴黎音樂院作曲教授，他是佛瑞的同事兼好友，兩人的作品風格也有許多類似的地方，都擅長處理深刻寧靜的音樂，創作旋律的功力極佳，只是馬斯奈創作的旋律比佛瑞的旋律更戲劇化一些，起伏也劇烈一些，例如著名的《冥想曲》（來自歌劇《泰漪思》）以及《悲歌》等等都可見端倪。

馬斯奈的創作領域主要是戲劇音樂（歌劇與清唱劇）與藝術歌曲，管弦樂作品方面則都是標題音樂，今日仍活躍在

舞台上的作品除了《冥想曲》和《悲歌》之外，還有他的藝術歌曲被視為法國音樂的精華[27]。馬斯奈與佛瑞的作品都可被視為法國學院派音樂的代表，講究形式與內斂，而不追求商業普及化，風格較為精緻小巧，營造音樂最細膩的層次。

　　蕭頌（Ernest Chausson，1855~1899）的作品《詩曲》（小提琴協奏曲）是音樂會的常客，當然也是每一位小提琴家必備的曲目，筆者每次坐在樂團裡為小提琴家伴奏時，總感覺這首詩意悠遠的曲子的藝術成分有一些法朗克的影子存在，後來在傳記中得知蕭頌確曾在法朗克門下學習這才恍然大悟[28]。

　　蕭頌的作品數量不多，或許是因為他英年早逝，四十四歲時不幸死於交通事故；也或許是因為他忙於音樂協會的行政工作（他是協會秘書）。然而儘管他的作品不多，卻每一首都是音樂藝術的精華，例如《降 B 大調交響曲》、《詩曲》以及其他室內樂作品等等都是經典之作。蕭頌在巴黎音樂院求學期間曾師事於馬斯奈，這一段過程對他的學院派基礎奠基頗深，也因此蕭頌的音樂接近於傳統古典主義風格，他的作品標題音樂僅佔了一半，其他則仍以古典形式作曲，這一

27　馬斯奈於 1894 年完成的歌劇《泰漪思》（《Thais》）當中最受歡迎的就是小提琴獨奏與管弦樂團的合奏《冥想曲》（《Meditation》），歷久不衰。

28　蕭頌的細膩音樂作品在十九世紀法國樂壇受到高度讚譽。他就讀於巴黎音樂院其間師事馬斯奈，但同一時期他也私下與法朗克學習作曲。

方面應該是受到法朗克的啓發，以純粹音樂的思維來作曲，而不強調具象的寫實主義，這是一條著重嚴謹形式結構的道路，也是擁護嚴肅音樂的具體行動。

　　嚴肅音樂的基礎奠定在理論、傳統、品味與節制等等基礎上，這是音樂藝術深度與高度的表徵，有關嚴肅音樂與通俗音樂或應用音樂的論戰其實是不必要的，因爲無論是哪一種音樂都必須建立在前述相同之基礎上，只是比例與方向稍有不同罷了，而且，在本質上，難道通俗音樂就沒有嚴肅成分的可能？難道嚴肅音樂的元素真的必定曲高和寡？筆者認爲音樂源起之時並無理論或規則可循，音樂是人類的智慧與生物本能交互作用的產物，經過無數的歲月累積，音樂的資料庫豐富起來了，才逐漸產生理論和流派的分野，嚴肅音樂若是指以純音樂的素材經過嚴密的思考與文化的浸潤來創作的過程，那麼它所代表的應該就是一種面對音樂的誠摯態度和理想，而這樣的文明精神應當成爲全體人類共有的寶貴資產。聆聽蕭頌的樂曲就是一種體驗純音樂洗禮的感受，沒有具體的寫實描述，也沒有熱鬧誇張的舞曲或詠嘆調，而是平穩堅定的腳步，一步一步走進聽者的內在世界，假設有一個文明的世界存在，人們願意以音樂平靜自己的心，願意以音樂爲交流的平台，那麼嚴肅音樂自然會成爲生活必需品，這

可能也是蕭頌的創作理念吧！

　　杜卡（Paul Dukas，1865~1935）是本章節探討的十九世紀法國作曲家之中知名度較低的一位，但是杜卡創作於1897年的《小巫師》管弦樂曲自發表之日起直到今天，都是音樂會的最受歡迎的曲目，許多人未必認識杜卡，卻往往對《小巫師》的音樂感到親切。

　　杜卡出生於巴黎，十七歲入巴黎音樂院習作曲，杜卡曾與羅馬獎擦身而過（獲得二獎），但是他的作曲家才華很早就受到巴黎樂壇的肯定，其創作方向主要與戲劇音樂相關，杜卡並未加入印象樂派的陣營，他的音樂可說是純粹的法國式風格的音樂，然而十九世紀法國樂派的音樂技法在杜卡這一代作曲家手裡已經走到了頭，杜卡既不願加入德布西，也未加入『六人團』，無調性或是十二音列也吸引不了他！

　　杜卡的音樂在悠遠深邃上不如佛瑞，學術性不如法朗克，作品又不如奧芬巴哈的音樂輕鬆多產，因此杜卡的選擇實在不多，他只好變成法國的史特勞斯了。

　　杜卡的作曲天分一流自不待言，他能在互相排擠的法國樂壇擁有一席之地即可證明這一點，尤其是他的配器法功力之高，恐怕只有拉威爾可以略勝一籌，因此他的創作方向以標題音樂為主也就是極其自然的結果了，無論是音樂的色

彩、韻律乃至整體音響的掌控，都以擬人化的寫實主義出發，這是杜卡的強項。大多數人或許寧願將杜卡的《小巫師》視為大眾音樂（通俗音樂），但以筆者以本身演奏及聆聽過杜卡《小巫師》、《為銅管的信號曲》與《拉摩主題變奏曲》等等作品的經驗來看，其結論則大為不同。如果杜卡的音樂不能算是嚴肅音樂，那麼史特勞斯的音樂恐怕也不能被嚴肅看待了！

　　杜卡擁有十足深厚的學院派作曲技巧與深度，和聲觀念相當前衛而且大膽，他絕非墨守成規之人，音樂風格充滿活力與現代感，若是一定要說杜卡的音樂有什麼不足之處，也許勉強可以說他的音樂語法有不少「炫技」的成分，這種特質似乎不太符合法國音樂的傳統格調，反而頗接近史特勞斯的作品風格，然而嚴格來說，這種獨特性格並不能被視為弱點，只能說明杜卡的自成一格。而且杜卡的風格並非自我表現主義，而是寫實主義[29]。

　　知道《小巫師》故事的人，大概都同意杜卡的作品已是維妙維肖，登峰造極之作，曲中描寫的魔法、風暴與平息等等一切都是描寫得恰如其分，難以增減一分，這個作品之所

---

29 《西洋音樂百科全書 —— 二十世紀音樂（上）》〈保羅・杜卡〉，施典志、林慕仲翻譯，台北 台灣麥克股份有限公司，1996．p．152

以完美，除了作曲家的天份之外，乃是因爲此作品所處的時代正是在晚期浪漫派的巔峰，一切樂器組合的可能性幾乎都已經被研究試驗過了；二十世紀的現代音樂其實是一種簡化運動，一種拋掉束縛的運動，此處所指的束縛可以說就是十九世紀末的一切顛峰技巧，筆者懷疑可能只有極少數冰雪聰明的人才能主宰這些技巧，無法完全掌控這些繁複技巧的作曲家恐怕只能被困在規則之中動彈不得！其實西方音樂所有的和聲與對位技巧早在巴哈的時代（1685~1750）都已經到達巔峰了，十九世紀的變化與進展主要是在配器（色彩）和曲式（風格）之上，以及新樂器的發明和革新，新的聽眾與新的創作目的等等。

　　杜卡《小巫師》的管弦樂編制龐大，管樂的演奏技法豐富多變，法國管樂演奏學院派的高水準一覽無遺，小號的編制分爲小號兩部與短號兩部，經典的安排方式，天衣無縫的配合，杜卡若想用作品實力證明法國學院派的功力不亞於其他任何地區，僅此一首《小巫師》就足夠了。接下來，法國十九世紀音樂的另一個高潮就要由『印象樂派』揭開序幕了。

第六節 德布西與拉威爾的風格與影響

十九世紀法國作曲家當中最具有國際知名度者，應當非德布西（Claude Debussy，1862~1918）與拉威爾（Maurice Ravel，1875~1937）莫屬，在進一步探討這兩位作曲家之前，會發現幾個基本的問題；首先，德布西與拉威爾是屬於十九世紀還是二十世紀作曲家？其次要弄清楚的是，什麼是『印象樂派』？『印象樂派』是否專屬於法國音樂？它對於音樂藝術的影響如何？在探討德步西與拉威爾的藝術風格和影響力之前，確實有必要先試著回答上述的提問。

德布西與拉威爾兩位作曲家之間相差了一個世代，他們都跨越了十九–二十世紀之交,且同被視爲法國十九世紀末迎接新時代音樂的主導人物，儘管這兩位作曲家在思想本質上有所不同，德布西是極具叛逆性格的音樂藝術改革者，而拉威爾則是躬逢其盛的音樂天才，他們同時站在十九世紀音樂的最高峰上（已經開始下墜），都目睹了發生在眼前的時代劇變，史特拉汶斯基（Igor Stravinsky，1882~1977）《春之祭》首演（巴黎·1913），也很清楚荀白克（Arnold Schonberg，1874~1951）和他的學生們在維也納研究顛覆調性的新理

論；然而他們並不屬於任何現代音樂運動陣營，從最寬鬆的標準來看，也頂多是開了個頭，一隻腳踩進了二十世紀，但軀體仍停在十九世紀的領域裡。

自從華格納引發新音樂浪潮開始，一路走到調性系統被刻意放棄之間，仍存在著許多尋找出路的努力，以德布西與拉威爾的作品來看，乃是十九世紀音樂思維的發展變革與必要的反動所組成的混合物，其中有傳統學院派的成分，也兼具自我表現主義和寫實主義的精神，更重要的是一種試圖揚棄過去，尋找新路的努力，不知是有心或是無意，德布西與拉威爾的歷史定位被認知成為十九世紀音樂發展進入二十世紀音樂的帶領者，然而他們的作品仍應被視為十九世紀法國音樂風格發展的一個重要部分，而不宜被籠統地視為二十世紀音樂作品。

『印象畫派』（Impressionism）是 1860 年左右在法國產生的新藝術風格運動，其最早的倡導者莫內（Claude Monet，1840~1926）的作品《印象‧日出》是此一藝術風格命名之由來。『印象畫派』的風格特色是以捕捉自然光線與實物之間產生的色彩變化為畫作的中心思想，產生一種看似朦朧實則寫實的藝術效果。印象派畫家有馬奈（Edouard Manet，1832~1883）、竇加（Edgar Degas，1834~1917）、雷諾瓦

（Pierre-Auguste Renoir，1841~1919）與梵谷（Vincent Willem Van Gogh，1853~1890）等多位名家，是藝術史上極成功的派別。『印象畫派』與德布西的『印象樂派』之間可說是關係密切，時代也互相重疊，相似之處頗多，但不同之處也很明顯，分析如下：『印象畫派』的源起動機，與十九世紀初問世的攝影器材和技術有關，當真實度無可比擬的照片寫真出現在世人眼前時，畫家面對的挑戰就很清楚了，他們必須找到比模仿更高的藝術風格，傳統的思考方式也必須跟著提昇與轉變，尋求畫作更內在層面的意義。如果照片能夠「肖似」，而繪畫則更能夠「神似」。

德布西走進『印象樂派』的時代背景與之相同，當時作曲所面對的瓶頸也是相似的，晚期浪漫派的音樂寫實主義已到達巔峰，標準工具化的音樂結構勢必面臨檢討與質疑。

基本上，『印象畫派』並未顛覆傳統繪畫模仿與寫實的核心理念，而只是提出一個更自然，更浮動也可能更傳神的處理方法，此一處理法試圖更深入個人與周遭人事物之間更獨特的自我體驗，但其主要目的仍是在模仿與寫實之上的。而『印象樂派』也是如此，它並沒有摧毀音樂傳統的意圖，儘管它展現出來的色彩已經嚇著了許多保守主義者，但那其實仍屬於表現主義的範疇。如果說『印象畫派』為二十世紀

的『抽象畫派』（Abstract Expressionism）[30]揭開了序幕，那麼『印象樂派』在某種角度上啓發了二十世紀『無調性音樂』（Atonality）[31]的看法也就可以理解了！然而，『印象畫派』在美術史上的影響力是永恆且強大的，相形之下『印象樂派』則幾乎只成爲一種較爲顯著的過渡現象而已，極少作曲家追隨它，甚至連法國樂壇都是批評聲浪遠超過肯定的聲音。在這一點上筆者認爲，與其討論箇中優劣，不如分析現象背後的文化因素更來的有幫助。

　　綜合上述看法，德布西的音樂風格似乎並不完全與『印象畫派』的藝術訴求一致，因爲儘管兩者的發展動力皆來自於十九世紀的整體環境變遷，也都同樣的是爲藝術創造的欲望尋找出口，然而兩者之間在創作理念上是存在差距的；『印象畫派』的藝術目的是真實的呈現一切事物，尤其是平凡的人事物蘊藏的感情更是創作的重點，這種理念其實來自於古典時期的寫實主義，其繪畫的主題已由歷史人物或宗教事件轉移到大自然景色或是小人物的日常生活，從文學的角度來看，這種訴求正是不折不扣的浪漫主義產物，例如德國大文

30　「抽象畫派」以形狀與顏色表現藝術家的主觀感受，而非以自然事物爲描繪對象。是二十世紀之後才興起的藝術風格。

31　「無調性音樂」顧名思義是對於西方音樂傳統調性音樂的反面思考，它沒有和協或不和協的問題，也沒有終止式或半終止式的問題，它遵循的是自然法則的邏輯基礎。

豪歌德（Johann Wolfgang von Goethe，1749~1832）的文學作品就是一個浪漫文學風格代表人物。『印象畫派』以太陽光線調色，以室外寫生尋找創作靈感，目的並不是扭曲真實，而是更深刻的呈現真實。

　　然而德布西的創作理念對於呈現真實世界的想法並不感興趣，德布西感興趣的是純音樂的形式如何表達關於自我的議題；也就是說，他的藝術目的是「抽象」而非「寫實」，某個角度來說，德布西的音樂更接近畢卡索的畫作而非莫內的作品。德布西的作品始終都屬於自我表現主義，比起印象派音樂家的稱號來說，德步西的音樂被名爲復古派表現主義（Neoclassical Expressionism）恐怕更恰當得多，因爲他深深的著迷於最古老的調式音樂，在他的音樂之中的素材除了平行四度、五度，以及由大三度組合而成的無主音和絃之外，還有全音音階、教會調式音階、希臘四音音階以及中國五聲音階等等。種種不尋常且復古素材的選擇使德布西的音樂洋溢著某種異國情調，即使是法國樂壇也難以接受這麼特殊的風格。而德布西特立獨行的原因當然很多，例如父親入獄帶給他童年時期的陰影，或是他以音樂天才的姿態不滿現狀與傳統束縛，也可能是他健康不佳卻又縱慾產生的幻想等等原因；無論原因到底爲何，都與他極度自我壓抑、扭曲，同時

又自我膨脹的性格有關；而他的音樂勢必要反映他潛藏的自
我議題，因此德布西的作品描繪的是透過他自己的心靈之窗
所接觸到的世界，而不是陽光照耀的大千世界。

　　德布西的傳統學院派音樂之路非常順遂，他的鋼琴技藝
極佳，作曲創意層出不窮，從德布西十歲進入巴黎音樂院直
到 1884 年他得到音樂院頒發的羅馬獎之前，德布西都妥善的
把自己的爆發力隱藏在遵循傳統要求的音樂作品之後，德布
西的鋼琴演奏能力足可名列專業演奏家之林，他很早就發現
以鋼琴為作曲工具對自己而言是多麼容易，而且他最大的嗜
好就是在鋼琴上無休無止的即興彈奏，早在德布西創作《牧
神的午後》十年之前，他的漂浮式無根音即興鋼琴演奏就已
經露出端倪了[32]。無論如何，德布西的『印象風格』並非經
過嚴肅的思考與設計的產物，而卻很類似於一個天才鋼琴家
的偶發即興或是遊戲之作，嚴格來說，德布西的『印象風格』
是如此容易模仿，以致於幾乎沒有神祕感（或是沒有藝術性）
可言了，就如同任何一個人坐在鋼琴旁彈下所有黑鍵（不彈
白鍵）的音符，會發現中國五聲音階的旋律流瀉出來一樣，
任何人只要把德布西的作曲元素重覆使用，就會立刻寫出幾

---

32 葛利菲斯（Paul Griffiths），《現代音樂史》，林勝儀翻譯，台北　全音
　樂譜出版社，1985，p．10–13

乎一模一樣的『印象風格』音樂來，這種情形對藝術而言很接近災難，因為其封閉性是可想而知的！當然，德布西的才氣極高，他的創作領域也很寬廣，但儘管如此，他還是經常在作品裡重複一樣的東西！幸好他還有不少學院派的作品傳世，因此在飽受批評之餘，其高超的藝術性仍然廣受認可。

德布西的藝術邏輯與他的國際經驗很有關係，他與梅克夫人的雇傭關係使他有機會兩次訪問俄國，他在羅馬留學期間，曾會見威爾第，之前已會見過華格納與李斯特，他曾兩次前往拜魯特欣賞華格納的樂劇（然而德布西並不推崇華格納的理念），德布西生命的最後十年健康不佳（後來證實身罹絕症），但是他依然保持創作，而且好奇心依然旺盛無比，旅行足跡幾乎遍及歐洲，令人驚嘆。

或許德布西的音樂理念遭致了許多批評，也或許他真的是一個我行我素的偏激分子（就創作與私生活兩方面而言），但是他的作品確實得到世人的注意，並且擁有無與倫比的辨識度，幾乎毫無錯認的可能，從某方面來看，也早已成為法國音樂的特色之一了，其歷史地位非常鮮明。德布西的管弦樂作品如《夜曲》（1900）與《海》（1905）都是以景寫情的傑作，編制龐大，配器的手法則較為簡單保守，著重營造氛圍，對於管弦樂的特色並沒有展現什麼新意，運用上也沒

有什麼創新之處，在十九世紀末的作曲家之中，德布西的配器技巧並不突出，然而同樣被視為『印象樂派』作曲家的拉威爾則是一位傑出的配器大師。

　　按照筆者的演奏經驗或聆聽經驗而言，拉威爾的管弦樂作品與鋼琴作品可謂精彩絕倫，是真正的純粹音樂精品，或許是因為他的性格比德布西客觀得多，因此拉威爾的標題音樂始終保有清澈透明的形式，嚴謹的結構以及令人驚喜連連的創意。說來奇怪，拉威爾也十分熱愛古調式音階素材，也慣用全音音階，四度平行等等手法，但是他的作品絕少重複，每一首的主題，發展與色調都有新意，例如他的《G調鋼琴協奏曲》與《左手鋼琴協奏曲》兩者風格相同，但音樂的藝術表現手法則截然不同。例如他的《死公主的孔雀舞曲》簡直是向佛瑞致敬的作品；芭蕾音樂《達芙妮與克羅伊》的繽紛色彩則把杜卡的《小巫師》比了下去，而《波麗露》的極度客觀營造出來的極度瘋狂又是多麼不可思議！很難想像這位終身未婚（也無緋聞）的寡言作曲家胸中擁有如此劇烈的情緒張力，除此之外，拉威爾的音樂也更接近二十世紀音樂，以二十世紀法國樂壇在現代音樂的領先地位來說，他確實功不可沒。

　　拉威爾雖然並沒有率先提出『印象樂派』的音樂形式，

然而他也僅僅落後一小步而已，若是沒有拉威爾的成就來適當的證明德布西的一部份藝術路線是可行的，『印象樂派』恐怕更難以成立。

從小號演奏的發展來看，二十世紀現代音樂作品的最重要作品有一大部分與法國作曲家有直接或間接的關係，其原因乃是因為法國的學院派傳統依然具有藝術主導性，法國作曲家依然掌握很優秀的技術和傳承，米堯（Darius Mihaud，1892~1974）、奧乃格（Arthur Honegger，1892~1955）、梅湘（Oliver Messiaen，1908~1992）、布列茲（Pierre Boulez，1925~）等等一代代作曲家接棒下去，帶動了許多新作品的誕生，十九世紀小號演奏技法的發展顛峰在二十世紀初到來，在 1909 年拉威爾發表《達芙妮與克羅伊》這一首炫目的管弦樂傑作之後，史特拉汶斯基緊接著發表《火鳥》（1910）與《彼得洛希卡》（1911）兩首芭蕾音樂追隨其後，可以聽得出來史特拉汶斯基的俄羅斯音樂文化底蘊（五人團的影響）之外，還有拉威爾帶給他的啟發，這種藝術思維的激盪與醞釀，使得 1913 年的《春之祭》引發的革命性發展成為可能[33]。

小號演奏得益於拉威爾之處涵蓋實體與抽象兩方面，在

---

33 拉威爾與史特拉汶斯基自 1909 年在巴黎相識之後一直是藝術上的戰友，在音樂上互有影響，也互相稱許。

實體方面，他明確的分別各式小號的特色，選擇最適合於樂曲的樂器，並且善用弱音器，創造不同的色彩。在演奏與法方面，拉威爾融合傳統與現代，將信號曲，詠嘆調甚至爵士音樂的元素放進小號演奏的範疇之中，大大豐富了小號的語彙，此外，拉威爾也引進許多不常見的技巧如快速的「三吐」音群（triple tongue，連續的三連音斷奏），與「花舌」（flutter tongue）等等技巧，拓寬小號的技術領域。

　　拉威爾的管弦樂配器才華無人能出其右，他不使用史特勞斯那種帶有炫耀意味的配器手法，也跳脫出學院派保守且可預測的配器法則，拉威爾的配器法真正符合純粹音樂的原則–「讓音樂說話」，他與莫札特的手法差別僅在於「題材」，由於「題材」的層次與複雜度完全不同，配器因而產生不同。拉威爾不會犧牲音樂該有的性格以遷就樂器的表現，另一方面，他也不容許樂器的演奏停留在消極的立場上拖累音樂的生命力，其結果便是許多前所未見的創新手法，帶領樂器演奏領域的新視野，而這樣的進步正好為二十世紀音樂的可能性打開了一扇大門[34]。

　　跨入二十世紀現代樂派的法國樂壇也像其他地區一樣產

---

34 沈旋，《拉威爾：傑出的管弦樂色彩大師》，台北 世界文物出版社，2001，p．11–12

生傳統與前衛風格並存的情況，十九世紀的愛樂者並沒有機
會隨時欣賞巴洛克或是文藝復興時期的音樂，社會欣賞音樂
的大致範圍都是當代音樂，在錄音技術發展進步之後，這種
單純的情形已不復見，二十世紀音樂的競爭對象已不再侷限
於當代作曲家的作品了，很有趣的現象是；儘管法國的現代
音樂風氣非常前衛與進步，而且作品數量和品質之佳都是世
界重鎮，但是最令法國人驕傲的作品無疑還是十九世紀的黃
金時期創作的音樂，它們不但是法國人的文化遺產，也是全
人類共享的精緻藝術寶藏。

第四章　十九世紀義大利小號演奏風格研究

　　義大利在西洋音樂史上的地位是極為重要的；從宗教層面來看，羅馬自中世紀以來便一直是基督教世界的中心。西元 600 年前後羅馬天主教教皇葛利果一世（Pope Gregory I）首度編纂頒布了統一的聖歌集『葛利果聖歌』（Gregorian Chant），其旋律素材成為西方複音音樂的濫觴[1]。西元 756 年法蘭克王國的統治者丕平三世（Pepin III）將羅馬（包括梵諦岡在內）與週遭的土地奉獻給教廷，從此教廷國之範圍大致確立。西元一千年左右音樂記譜法有了新的進展，天主教士桂多（Guido d' Arezzo，995~1050）首度發明線譜與譜表譜號的方式來紀錄音樂[2]。十六世紀五線譜記譜法與相關音樂

---

1 參閱 Don Michael Randel，《The New Harvard Dictionary of Music》，The Belknap Press of Harvard University Press，London，England 1986，p，351
2 桂多最大的貢獻就是線譜的發明，他使用的是四線譜，大幅縮短了學習音樂的時間。有趣的是，桂多是法國人，但是下半生都安定在義大利的修會，桂多畢生的理論精華都記載在他 1040 年的著作《Micrologus》

記號逐漸完備成形，十七世紀時音樂史第一部歌劇首演等等，上述一切有關西方音樂最重要的發展關鍵都發生在義大利。

從十七世紀之後，西方音樂曲式的發展重心逐漸向北轉移，但是義大利的音樂發展重心則幾乎完全被歌劇佔據，再加上義大利式美聲唱法（Bel Canto）[3]風行世界，義大利可稱為歌劇王國。本章的研究重點就是以十九世紀義大利歌劇產業與藝術風格的演變為重心，探討它們對於小號演奏風格所帶來的影響。

第一節　羅西尼的歌劇事業

十九世紀是歌劇的時代，幾乎每一位主要作曲家都不會放棄歌劇的領域。「歌劇的家鄉」── 義大利的音樂風格發展更是與歌劇的發展一起成長的。本章最重要的探討重點就是以歌劇為重心來討論十九世紀義大利音樂風格發展，以及其與小號樂器演奏風格演變之間的影響。

歌劇的形式，可以被認為是音樂藝術的綜合體，也可以說是舞台表演藝術的最高形式（不一定是指精神層次的最高

---

3 美聲唱法（Bel Canto）源起於十七世紀義大利歌劇演唱技法之統稱。強調音區轉換平順，音量對比大，發聲方法優美，富有變化且有系統。

形式），從文學家創作（或改編）劇本開始，歌劇的創作成果就是來自一個龐大的專業團隊分工合作的過程，由於歌劇是一個音樂文創產業，其發展基礎動能不只是來自音樂家的創作，而是來自觀眾的需要。事實上，歌劇產業存在與發展的動力就是觀眾的需要所支持出來的，若是沒有社會大眾的支持，就不可能有經費與資源製作歌劇或是興建劇院。

歷史上第一家歌劇院興建於義大利威尼斯（1637），此一民間劇院的興建反映了歌劇這種藝術（娛樂）形式已經具有相當的市場規模，並且足以支撐劇院的營運。音樂史上第一部歌劇（《達芙妮》是由佩利（Jacopo Peri，1561~1633）作曲，1600 年在義大利佛羅倫斯首演[4]，七年之後蒙台威爾第（Claudio Monteverdi，1567~1643）劃時代的歌劇《奧菲歐》在曼圖亞首演，其具備的歌劇形式元素（樂團伴奏、獨唱、重唱之詠嘆調與宣敘調與服裝布景等等）都已十分完備，到今日蒙台威爾第的歌劇《奧菲歐》仍有機會不時上演，可見其藝術價值之高。

歌劇是歐洲古典藝術之中難得可以與觀眾互動之一種藝術形式，在民間受歡迎的程度十分類似今日的流行音樂演唱

---

4 赫洛德・荀伯格（Harold Schonberg），《從巴洛克到古典樂派》，陳琳琳翻譯，台北 萬象圖書股份有限公司，1998．p．9–11

會或是音樂劇，但是由於最早的歌劇作曲家僅限於極少數有機會接受正規訓練的宮廷或教會音樂家，因此可想而知其題材還不至於普羅到和民間接軌的程度，十七世紀的歌劇題材多為流傳已久的神話或是傳說。

　　隨之而來的神劇（宗教題材），清唱劇（省略服裝佈景的歌劇，宗教與世俗性皆有）乃至更重視形式也更嚴肅的彌撒（崇拜儀式經文歌）與安魂曲（葬禮儀式經文歌）等等[5]，後兩者則別具功能性，並且越是晚期的作品越是不具宗教性而是重視藝術表現力，當然，上述形式僅含有一部分歌劇的特質，而並不具備歌劇全面性的舞台元素。

　　十八世紀的歌劇發展主流似乎將歌劇分為「歌」與「劇」兩種方向，也就是義大利式歌劇重視聲樂表現的成分大一些，而法國悲劇（宮廷劇）則重視劇情對白與幕間芭蕾的成分更多[6]，這種藝術品味的分野對歌劇的發展是正面的，因為光有合理劇情卻缺少美好音樂是不夠的，相反地，音樂旋律再美，歌手唱功再佳也還是需要動人的劇情鋪陳，因此，如何在音樂與劇情之間取得協調一致的共鳴一直是歌劇創作最

5　安魂曲即安魂彌撒（Requiem），章節分別為進堂詠（Introitus）、垂憐經
　　（Kyrie）、繼抒詠（Dies Irae）、奉獻經（Offertorium）、聖三頌（Sanctus）、
　　降福經（Benedictus）、羔羊頌（Agnus Dei）與頌主頌（Lux aeterna）。
6　皆川達夫，《巴洛克音樂》，吳憶帆翻譯，台北　志文出版社，1972．p．
　　111–113

核心的問題之一。蒙台威爾第之所以偉大，就是他在歌劇萌芽之初就已著手處理這個問題。

然而音樂與劇本文字之間的平衡問題並非一直受到所有作曲家的關注，義大利歌劇在傳遍歐洲的期間，至少有兩個莫大的貢獻，那就是義大利式美聲唱法以及管弦樂團的編制。優秀的歌手是歌劇的成功要素之一（有時候甚至是唯一的因素！），很多音樂可以說是爲歌手量身訂製的，因此美聲唱法的精益求精確實直接推廣了歌劇藝術的普及化。

歌劇對管弦樂團的誕生有直接的影響，〈Orchestra〉原來的字義並非管弦樂團，而本是指歌劇舞台前方的貴賓席的位置，因爲在此位置安排了爲歌手伴奏的管弦樂團，故而稱管弦樂團爲〈Orchestra〉，此外，管弦樂作品最早的起源也是來自於歌劇的前奏曲（Sinfonia，純器樂合奏曲，即管弦樂序曲）[7]。歌劇的發展確實意義重大。

值得注意的是，十七世紀初歌劇的萌芽與記譜法的完備幾乎發生在同一個時間點，而既存的事實顯示，義大利文音樂術語以壓倒性的優勢席捲歐洲，現代所見的德文音樂術語或是法文音樂術語都是十九世紀的產物，從十七世紀到十九

---

7 參閱 Don Michael Randel，《The New Harvard Dictionary of Music》，The Belknap Press of Harvard University Press，London，England，1986，p，572–573

世紀之間兩百年都是義大利文音樂術語獨步歐洲的局面。當然，義大利歌劇也風行全歐洲，尤其是十八世紀義大利喜歌劇風行之後，全歐洲不分區域國家都流行以義大利文創作歌劇，之後英國以重視合唱的英文神劇傳統加以平衡，法國以改良的法文悲劇與之抗衡，而維也納的莫札特也由原先採用義大利文歌劇劇本改變為以德文創作歌劇，十八世紀晚期，義大利歌劇保持的優勢已經很少了，更何況十九世紀初韋伯的德文浪漫歌劇掀起風潮之後，華格納馬上就要接棒發揚光大，而法國歌劇也異軍突起，無論是喜歌劇或是莊歌劇創作都天才輩出，傑作不斷，在強敵環伺之下，羅西尼（Gioacchino Rossini，1792~1868）的作品適時的出現，讓義大利歌劇的光環持續發熱，並且實質的延續了義大利歌劇薪傳。

　　羅西尼出生於 1792 年，正是莫札特去世之後一年，這個事實某方面而言也可以幫助愛樂者記憶有關莫札特與羅西尼之間的相似之處。羅西尼經常被認為是一個成功的喜歌劇作曲家，這當然是事實，但是羅西尼的音樂成就並不僅限於此；羅西尼一生創作了三十八部歌劇，包括莊歌劇、喜歌劇與彌撒等等，作品範圍很廣。他成名極早，在二十歲之後他的作品已紅遍歐洲，從米蘭到維也納，從倫敦到巴黎，羅西尼的歌劇作品大受歡迎，被認為是義大利大型歌劇的典範。一件

有關羅西尼創作生涯之謎，是爲何他在三十八歲之齡發表歌劇《威廉泰爾》之後就此停止歌劇創作？從 1829 年直到 1868 年過世爲止，長達三十九年的歲月沒有新作問世，在這三十九年之間，羅西尼從家鄉波隆那搬到佛羅倫斯居住，又從佛羅倫斯搬到巴黎，生命的最後十年都住在巴黎，空白的三十九年只用來享受成功帶來的財富與地位，卻不再譜寫新作品。其中的原因爲何？這個謎團或許也和芬蘭作曲家西貝流士（Jean Sibelius，1865~1957）晚年放棄創作新曲的原因一般令人難解。

畢業於義大利波隆納音樂院的羅西尼無疑是歌劇的天才，家庭背景與學校教育並非他嶄露頭角的條件，羅西尼對於歌劇元素的高度直覺與掌控力才是他受歡迎的主因，他的作品特色是輕快、簡潔、有力的音樂與明快的劇情，羅西尼最早期的作品已經使人聯想到莫札特最好的幾部歌劇作品，

從藝術層面來看，莫札特的歌劇音樂藝術當然還是遙遙領先，是任何人都難以企及的的成就。無論是《唐喬凡尼》的救贖與毀滅，還是《魔笛》的黑暗與光明，莫札特舉重若輕的本領無人可及，然而羅西尼的歌劇在悅耳動聽，老少咸宜的普遍娛樂性方面可就不遑多讓了！無論是《塞維利亞的理髮師》、《鵲賊》或是最後的傑作《威廉泰爾》，羅西尼

對義大利美聲唱法有不可思議的掌握度，管弦樂輕鬆寫意，嚴絲合縫，與劇情搭配毫不勉強，他的歌劇確實使歐洲人對於義大利歌劇重燃信心，堅信義大利文仍是最適合歌劇的語言。

　　莫札特於三十六歲死於貧病交加，而羅西尼在三十六歲時已是功成名就，名利雙收，這樣的對比說明了藝術與現實有時候是互相對立的概念，藝術上的成就不見得等同於商業上的成功，但是商業上的成功往往也未必有足夠的藝術性支撐，然而貨真價實的藝術價值必定經得起時間的淘洗，永不褪色。

　　羅西尼的作曲手法是保守的，深受維也納古典樂派風格影響，毫無前衛的元素，簡直就可以稱之為「復古」的音樂風格，一點十九世紀浪漫樂派的味道都沒有，這種了無新意的風格卻大受歡迎，其原因就在於羅西尼的歌劇有最道地，最濃烈的義大利本土風味，無論在劇本的文字方面，或是詠嘆調的旋律，乃至樂團的配器運用，都令人被義大利田園、人群、貴族、風俗習慣或語言給圍繞了，羅西尼歌劇的題材是國際化的，但是他的音樂幾乎可以說是最早的國族主義音樂，是純粹義大利式的音樂，這種創作方向影響了義大利之後一百年的歌劇創作，使得義大利歌劇的民族特色始終歷久不衰。

　　羅西尼的管弦樂配器乍聽之下與莫札特十分相似，但是細究之下仍有許多不同之處，他仍然很偏重第一小提琴，也維持二管編制，但是主題的不同使羅西尼更著重管樂器與弦樂器的聲樂化獨奏旋律，這種抽離單一樂器賦予獨奏責任的寫法是貝多芬晚期才有的手法，經常讓羅西尼的歌劇序曲聽起來像是大協奏曲，此外羅西尼喜愛使用極長的漸強段落，這也成為他的特色之一，可惜羅西尼對於小號的運用非常保守，大約停留在孟德爾頌對自然小號的慣用範圍之內，儘管運用頻繁，然而新意不多。

　　董尼采悌（Gaetano Donizetti，1797~1848）是與羅西尼同時期的重要義大利歌劇作曲家，他的音樂風格很接近羅西尼，嚴格來說，是羅西尼風格的浪漫版，也就是說，羅西尼是董尼采悌的偶像，也是他努力學習的對象，只不過董尼采悌的藝術感觸異於常人，比羅西尼的音樂更深入十九世紀浪漫主義的領域。

　　董尼采悌自幼顯露音樂天賦，雖然出身寒微，但幸運的得到與名作曲家邁爾（Simon Mayr，1763~1845）學習的機會，後赴波隆納音樂院，投入與羅西尼相同的作曲老師門下，其學習成果是輝煌的。董尼采悌是一位多產的作曲家，具有追求成功的強烈理想，他似乎是生而為歌劇作曲家，舉凡獨

幕劇、喜歌劇、浪漫悲劇等等都屬於董尼采悌的創作範圍。他最著名的作品包括喜歌劇《愛情靈藥》，浪漫歌劇《拉美摩的露西亞》以及法文喜歌劇《聯隊之花》等等[8]。

　　另一為風格介於羅西尼與威爾第之間的重要義大利歌劇作曲家是貝里尼（Vincenzo Bellini，1801~1835）。雖然在貝里尼短短的三十四年生命之中，他的實際職業歌劇創作資歷僅有十年，但是他的音樂風格卻能在羅西尼的強大影響之下另創新局，得到許多十九世紀浪漫派作曲家的推崇。

　　貝里尼創作的歌劇全都屬於浪漫歌劇，劇本多有深刻的文學價值，貝里尼自拿坡里音樂院光榮畢業之後（1825），很快就嘗試尋找自己的音樂語法，1827年發表的歌劇《海盜》成功展現明顯的「非羅西尼」風格，和聲的變化豐富得多，延綿不斷的優美旋律串起劇情，其音樂織度已經遠離羅西尼古典簡潔的風格了，而是迎頭趕上十九世紀中期的浪漫風格，並且還不遑多讓。貝里尼的代表作有《海盜》、《夢遊女》（1830）、《諾瑪》（1831）以及《清教徒》（1835）等等，劇本極盡詩意浪漫之能事，音樂的部分當然是貝里尼最能打動人心的綿延美聲所構成，貝里尼的歌劇藝術至今仍

8　《西洋音樂百科全書–浪漫時期音樂（下）》，陳藍谷 秋瑗 金慶雲翻譯，台北 台灣麥克股份有限公司，1995．p．94~95

名列現代劇院的劇目，實因其具有獨特的藝術價值，並且爲十九世紀義大利歌劇開創了新的局面，接下來就等威爾第的歌劇藝術登場了。

十九世紀初期的義大利歌劇作品乍看之下似乎與現代小號的演奏風格關係不大，實則不然，這些清澄透明的美麗旋律，無一不展現出戲劇層次與義大利美聲唱法精髓，因此普遍地被最早的現代小號演奏教本採用爲重要教材。小號好不容易才在十九世紀得到完整的旋律演奏能力，當務之急就是要建立一套有關於小號演奏的美聲演奏法，因此小號演奏家們對於義大利歌劇的音樂非常著迷，借助其美聲演唱方法來揣摩小號的演奏理論，這種概念對十九世紀小號演奏風格的影響是極其深遠的。

第二節　威爾第的藝術影響力

歌劇這種音樂藝術形式自從在十七世紀初期開始發展之後，幾乎立刻就成爲歐洲音樂的主流，所有的主要作曲家幾乎都不可能放棄歌劇的領域，並且幾乎都有歌劇代表作。這種現象到了十九世紀更加明顯，歌劇的形式諸如獨幕喜劇、悲劇、莊嚴歌劇、寫實劇等等都各領風騷，整個歐洲地區的

音樂重心都放在歌劇上面。

　　德奧地區雖然在古典音樂創作方面仍有很大的比例放在探討室內樂、交響曲或交響詩的藝術發展上，然而歌劇的市場需求與規模一直都是音樂主流。至於法國則是幾乎將全部的注意力放在劇院與劇目上面，歌劇創作的數量與商業規模都很龐大，那真是一個歌劇的黃金年代，當時並沒有電影院，也沒有百老匯音樂劇，更沒有電視或是網路，歌劇院可以說是最重要的娛樂與社交場合，十九世紀的歌劇院在各大城市中四處林立，在小城鎮中也至少會有一處公演的場地，演出的劇目如前所述，幾乎無所不包，從最胡鬧的獨幕諧歌劇，到長達五幕的嚴肅題材大歌劇都在各地輪流上演，一旦作品獲得觀眾歡迎，作曲家立刻會接到無數的作曲委託合約，緊湊忙碌的排練與公演接踵而來，名聲與財富也似乎指日可待。然而若是作品受到冷落（這是很常見的事），那麼作曲家也很可能會一無所有。在十九世紀的劇院生態裡，作曲家的才華與品味很像是賭台上的籌碼，也很類似待價而沽的商品。十九世紀的歌劇院，比十八世紀的情形更世俗化也更商業化，因為歌劇娛樂的對象已經由王公貴族轉移到社會一般民眾，雖然政府對劇本還是有「思想檢查」的存在（古今皆然），但是在商業考量之下，題材已經寬廣得多了。

在二十一世紀的今天，觀眾絕對不會把流行音樂歌手和百老匯歌手混爲一談[9]，而歌劇演唱家的角色也不會與百老匯歌手等量齊觀，但是在十九世紀來說，古典與通俗這兩種領域的創作都一起放在歌劇院裡，觀眾一方面把票房送給通俗劇（商業利益），另一方面則把樂評送給嚴肅歌劇（藝術價值），兩者之間的觀眾群是重疊的，因此各種音樂元素的流動也就更快速也更全面，那真是一個充滿鬥志，充滿各種可能性的時代。

法國樂壇與愛樂者雖將絕大多數注意力放在大大小小的劇院裡，但是法國學院派傳統還是培養出許多器樂奏鳴曲、藝術歌曲、室內樂與管弦樂等等的純音樂作品，而在義大利樂壇的情形就可說是完全地向歌劇事業傾斜。十九世紀在義大利從事作曲意味著專事歌劇的寫作，也唯有與歌劇相關的音樂事業得以使作曲家功成名就，這種社會氣氛就是偉大的義大利歌劇作曲家威爾第（Giuseppe Verdi，1813~1901）成長的背景。

威爾第與德國作曲家華格納同一年出生，使得 1813 年成

---

9 流行音樂（Popular Music）又可稱爲通俗音樂或商業音樂，是經過商業包裝的短篇幅歌曲，百老匯（Broadway）是美國紐約曼哈頓一條匯集音樂舞台劇（Musical Theater）表演場所的大道，後以百老匯代表音樂劇之通稱。音樂劇的形式注重歌曲、舞蹈與戲劇，包含古典歌劇的部分形式，但在內涵上更接近流行音樂包裝方式。

爲一個值得記住的年份。華格納是歌劇改革者，新音樂運動的推動者，而威爾第則是浪漫歌劇國際級的大師，也等於是義大利的音樂國父一般的地位。在兩者之間進行風格方面的比較工作似乎非常有趣，但事實上卻沒有必要性，其原因很簡單，兩位大師的創作藍圖並不一樣，威爾第的音樂是入世的，而華格納的音樂則不屬於凡間，威爾第關心的是人群，而華格納則關心超人類的領域（以及他自己）。它們提供給世界的音樂藝術既是完全不同，又何必加以比較？更何況，華格納有改變世界的雄心壯志，而威爾第則只情願殫精竭慮地使筆下的音樂與情節鮮活的呈現出來，若一定要快速地比較兩者之間的異同，或許可以說華格納是歌劇與音樂理想的開拓者，而威爾第則是更貼近人們世俗情感的歌劇大師，寫盡了人生悲歡，感動了所有曾聆聽其作品的心靈[10]。

　　威爾第的音樂藝術對於筆者而言是很重要的研究方向，因爲威爾第的配器哲學與品味充分的豐富了十九世紀的小號演奏風格（特別是指義大利風格），在威爾第七十年創作生涯之中，他始終維持反省，保持進步，試圖挖掘更深的音樂層次；但是，最讓人訝異的一點，是威爾第貫串一生的強大藝術直覺與精神力量。從他最早的成名之作《納布果》到晚

---

10 高士彥，《威爾第：歌劇藝術大師》，台北 世界文物出版社，2001，p．5–7

年的大型歌劇《奧泰羅》相距四十五年的歲月,卻仍然可以清晰的聽見威爾第一致性的音樂性格特徵,也就是強大的「音樂驅動力」。

筆者曾參與完整演出的威爾第歌劇包括《弄臣》、《茶花女》、《奧泰羅》與《阿依達》等等、部分選曲演出的劇目包括《納布果》、《命運之力》、《吟遊詩人》與《馬克白》等等。總結而言,威爾第的管樂語法是偏向傳統的,但是在技巧上絲毫也不容易,甚至有時簡直是艱難到難以演奏的地步,為何艱難?因為這些片段乃是為劇情而設計,因此演奏技巧的安排乃是為戲劇情感而設計,並未考慮遷就演奏者的能力,演奏失敗率很高,然而一旦排練成功則效果絕佳。

威爾第的歌劇事業起步得頗晚,但是在十九歲之前他已經是家鄉小鎮頗有經驗的樂師了,威爾第的早期創作多是為小鎮居民的日常慶典或宗教儀式的需要而作,與歌劇毫無關係。當時他已經可以嫻熟的運用銅管小樂隊的編制特色了,這種專長和興趣日後一直都是威爾第的常用音樂手法。

十九歲時威爾第試圖報考米蘭音樂院卻未獲錄取,雖然失望,但是他依然在準岳父[11]的贊助之下留在米蘭隨米蘭歌

---

11 巴瑞琪(Antonio Barezzi,1787~1867)是一名富商,也是音樂愛好者,長期擔任威爾第的贊助人,後來成為威爾第的岳父。

劇院專任排練助理（鋼琴伴奏）拉維納（Vincenzo Lavigna，1776~1836）學習作曲理論，拉維納打開了威爾第的眼界，年輕的威爾第在米蘭歌劇院旁聽了羅西尼、董尼采悌與貝里尼的歌劇，並且結識了劇院界的重要人士，更重要的是，他持續受到師長鼓勵往歌劇作曲界發展。這些資歷促使威爾第在數年之後放棄小鎮安穩的樂師生活，攜家帶眷的返回米蘭投身歌劇的創作事業。

　　1838 年威爾第偕同愛妻瑪潔麗塔（Margherita Barezzi Verdi，1814~1840）及一雙兒女回到當初求學的城市米蘭，首部浪漫歌劇《歐貝托》得到極佳機會在米蘭的史卡拉歌劇院上演，這齣反映平平的歌劇對威爾第的事業產生兩個重大影響，第一是威爾第無師自通的著名戲劇性驅動力節奏已見端倪，其二則是他的創作天分獲得歌劇界初步肯定，並獲得史卡拉劇院邀約繼續合作的合約。然而緊隨著這份好運之後而來的卻是威爾第人生的大災難，在一年之間，疾病奪走了威爾第之妻、子、女的生命，心力交瘁的作曲家依合約交出的成績單 —— 喜歌劇《一日國王》（1840）首演失敗，可想而知在威爾第迭遭喪親之痛的同時，如何可能寫得出成功的喜歌劇來！

　　然而《納布果》優秀的劇本將威爾第從泥淖之中拯救出來，威爾第重新拾筆創作，完成了這一部奠定其歌劇作曲大

師地位的作品，1842 年《納布果》首演成功，風靡了米蘭的歌劇界，義大利人似乎可以感覺到羅西尼的時代真的結束了，威爾第的時代則正要展開。

　　威爾第其人其事雖已遠去，但是種種傳記所記載的事蹟，可以了解威爾第是一位熱血、愛國且真誠的藝術家，而威爾第的歌劇作品在題材方面甚少重複，在表現手法上更是新意不斷，唯獨威爾第式的音樂驅動力永不改變。上述音樂驅動力的特色來自威爾第喜用的一些音樂手法，在聲樂方面，威爾第擅長使用大型合唱團的音樂效果，詠嘆調的安排依劇情需要而定而非依慣例為之，重唱的安排也是同時以不同層次呈現，表現戲劇張力。

　　在管弦樂方面，威爾第也擅長使用大編制的樂團以及額外加入的管樂隊（或銅管樂隊）加強效果，因此在道具與布景之外，聽覺上的震撼也可以令現場觀眾體會到千軍萬馬，天崩地裂的感受，箇中情境只有親臨威爾第歌劇演出現場方能得知，例如威爾第的《安魂曲》（非歌劇，但有極佳歌劇效果），來自四面八方的重量級銅管演奏，確實令觀眾有世界末日的感受。大歌劇《阿依達》的凱旋進行曲當中萬號齊發，輝煌宏大的音響則令觀眾彷彿置身勝利的行列之中，在十九世紀那缺乏現代科技的時代裡，臨場的環繞音響確實可

以帶來真實的感受。

　　威爾第也很喜歡使用連續的切分音創造強烈的錯置重音，以營造一種情緒的張力，這種手法並不特殊，但是威爾第的切分音音樂卻可以表現出一種不平凡的執著，一種不達目的決不終止的衝勁。小號的演奏在歌劇曲目當中的角色與交響曲當中的角色本來就不一樣，交響曲的創作思維是建立於一個主軸上的發展過程，而歌劇的模式則接近於多重路線的統合過程；進一步來說就是交響曲的音樂發展是在曲式限制之下與有限的主題之上進行多層次的寫作，而歌劇則是在多重人物特性與複雜情節之中尋求一種符合人性（或藝術）的和諧（也可以是衝突）效果。因此小號在交響樂曲中主要是被要求一致性與精確性的演奏模式，以符合不同段落的音樂層次。但在歌劇曲目一般性的情形當中，小號演奏的主要訴求則是刻劃場景與人物，因此必須在不同的情緒激盪之中快速的流動，前一刻的喜悅轉瞬之間化爲憤怒、信任變爲懷疑等等情緒轉換都被濃縮在一場戲的瞬間，因此小號在歌劇裡的演奏風格是更戲劇化也更具有反差對比的。

　　威爾第的歌劇最偉大之處，是他讓音樂與故事（文學作品）結合的藝術，無論是莎士比亞的驚悚劇本《馬克白》，小仲馬的悲劇《茶花女》或是虛構的史詩《阿依達》，威爾

第都以絕妙的戲劇直覺譜出獨一無二的音樂，當然，在藝術直覺之外，威爾第對作品的審慎態度與專注更是作曲家的典範，他絕不會爲了譁眾取寵而寫一個不必要的音，但若是爲了忠實於戲劇的意涵，威爾第卻可以不厭其煩的雕琢千萬個音。

　　威爾第的歌劇藝術自創新的格局，在十九世紀中期，羅西尼的影響力依然巨大的時期，威爾第還是成功的取代了羅西尼「義大利歌劇代言人」的地位。威爾第也超越了董尼采悌（多產作曲家，喜歌劇與浪漫劇名家）與貝里尼（浪漫歌劇天才作曲家）的藝術成就，董尼采悌與貝里尼曾在羅西尼的音樂風格之後追趕學習，並且展現了一些藝術新概念，然而威爾第不撓的意志力、真誠的藝術赤忱、作曲的天賦與上天的眷顧（健康長壽），使他成爲義大利歌劇史上擁有最多代表作也最有代表性的跨世紀作曲家。

第三節　寫實主義的藝術影響力

　　基本上，音樂藝術概念之中的寫實主義（Realism）[12]出現在歌劇之中是很理所當然的發展，由於找不到寫實主義的

---

12 寫實主義在繪畫、戲劇與文學上都是和浪漫主義並駕齊驅的重要思想，至於寫實主義音樂則並不存在，反而是二十世紀的自然主義音樂頗有發揮之處。然而寫實主義歌劇卻是音樂領域的特例，指以現實生活當中的小人物和現實事件做爲歌劇素材的作品是也。

弦樂四重奏作品或是寫實主義的交響曲作品，更顯得出現在十九世紀的寫實主義歌劇是一種單獨存在的現象，它無疑帶來了票房的成功，也帶來衛道者與藝術工作者之間的辯論，但更重要的是，寫實主義風格爲新時代所開啓的多重可能性。

今日世界不會再有人對於小說、電影、舞台劇或是音樂劇當中表現的寫實主義感到一絲奇怪了，但是若回到十九世紀來看，寫實的概念卻是一個很大的突破，寫實主義的概念來自於自然主義（Naturalism）的發起，從前文提到的攝影寫實概念的影響所及、印象畫派的藝術概念也延伸到文學創作方面；如左拉（Emile Zola，1840~1902）的自然主義文學作品，福樓拜（Gustave Flaubert，1821~1880）與莫泊桑（Henri Rene Albert Guy de Maupassant，1850~1893）的寫實小說等等所共同揭櫫的概念，也就是對於人類內在與外在的面向進行真實（或殘酷）的描寫，這其實也讓筆者想到華文小說家張愛玲（1920~1995）的書，只不過華文的寫實主義大致比歐洲晚了五十年（如果《紅樓夢》不算的話）。

言歸正傳，文學上的寫實概念確實是寫實主義歌劇的啓蒙者，歌劇也最有可能容納寫實主義的音樂領域，本節的重點就在於探討威爾第大歌劇與義大利十九世紀末歌劇大師普契尼（Giacomo Puccini，1858~1924）的晚期浪漫派歌劇之間

所產生的的風格演變元素，其關鍵處就在於寫實主義所帶來的題材與手法的改變。

在探討有關於寫實主義歌劇的發展之前還有一些需要釐清的概念，也就是在此所謂「寫實」的範圍為何？「寫實」的對象為何？再者是，「寫實」的手法又為何？

在文學的定義之中看來十分明確的概念，放在音樂的範疇之中似乎總是會有些抽象；其原因十分清楚，因為音樂是最抽象（不具象）的藝術形式，這個簡單的答案也間接地回答了之前的問題，「寫實」的故事是如實地（可能稍加放大）描寫一般人所能見到的日常事物，「寫實」歌劇也是如此，因此無論莫札特的《魔笛》或是威爾第的《阿依達》其中的人物刻畫是如何逼真傳神，它們都不屬於寫實歌劇的範疇。寫實歌劇當中描寫的故事與人物主角原則上都屬於殘酷的現實社會與沒有貴族氣質的底層小人物，法國作曲家比才的歌劇《卡門》即可歸類為此類歌劇的先驅者。

寫實歌劇的創作手法與其他歌劇之差別何在？寫實歌劇作曲家在音樂中放入擬真的聲音如雷聲、槍響、軍號或是尖叫等等的元素來模擬真實，但是之前數百年的作曲前輩早已使用過類似手法，因此筆者認為在音樂上並無具體的證據顯示其作曲技巧與其他非寫實歌劇有明顯的差別，反而是在歌

劇的題材，人物的塑造或舞台設計的效果上帶有現實感，並且在服裝與布景方面與觀眾的距離變近了，不再是英雄，神話或任何虛構人物的生與死，而是以這種「反抽象主義」（Anti-abstraction）[13] 形塑了寫實歌劇的主要性格；弔詭的是，「寫實」與「反抽象」的音樂仍然具有抽象的本質，這就是寫實主義歌劇之所以不能成為一種長久藝術流派的原因，因為它已化身為一種暗示性的手法，並且融合到所有二十世紀的藝術形式之中，而無法單獨存在了！

　　本節在探討十九世紀義大利歌劇最後一位重要歌劇作曲家普契尼的作品與影響之前，先行描述了所謂「寫實主義歌劇」的成因與大致特徵，因為上述特徵也可以在普契尼的創作思維之中找到。

　　如果說威爾第是十九世紀義大利歌劇傳統最偉大的作曲家，那麼普契尼的歌劇作品就是證據，筆者總是相信藝術傳承理論，評斷一位藝術家的成就還得要看看他（她）為人類社會留下什麼，是否為孕育下一代作出足堪典範的貢獻，普契尼的音樂成就太偉大也太動人了，那必然孕育自某種藝術氛圍與優秀的傳統，也就是羅西尼與威爾第曾參與建構的藝

---

13 反抽象主義的定義並不全然相對於抽象主義，兩者之間的差別主要在於題材不同，反抽向主義的藝術品創作概念是寫實的，其手法是粗獷的，然而依然具有抽象的意味。

術創造傳承，永不停止創新與思考藝術的可能性。

　　在二十世紀以降的歌劇劇目安排上，有兩齣獨幕劇總是被安排在一起上演，上半場是《鄉村騎士》，而下半場必定是《丑角》。上述兩齣獨幕歌劇演出之總長度約與一齣威爾第大歌劇相當，非常適合放在一起演出，除此之外還有兩個考量原因，第一，兩劇之作曲家是同一時期的義大利歌劇作曲家，第二，兩劇之劇情內容皆為「寫實主義」歌劇，當然，還有最後一個重要的原因是因為兩劇都有極高的藝術成就與知名度，放在一起演出對票房極有幫助。

　　《鄉村騎士》的作者馬斯卡尼（Pietro Mascagni，1863~1945）比普契尼小五歲，但馬斯卡尼在米蘭音樂院（曾拒絕威爾第入學的音樂院）就讀時，曾是普契尼的室友，兩人的好交情維持了一輩子，並且他們都隨米蘭音樂院作曲教授龐開耶利（Amilcare Ponchielli，1834~1886）學習，龐開耶利是知名歌劇作曲家，作品《喬孔達》非常著名，筆者也多次演出過《喬孔達》選曲與其知名序曲《時辰之舞》，對龐開耶利精湛的配器法與嚴謹的樂曲結構印象深刻。有這麼傑出的老師，難怪學生的音樂藝術能青出於藍。

　　也許馬斯卡尼不會同意筆者上述的看法，因為他只在米蘭音樂院勉強待了兩年就提前退學離開學校，隨著職業小劇

團流浪好證明自己的能耐，這種在紅塵之中打滾的生涯，或許也給了他「寫實歌劇」的靈感，當他的傑作《鄉村騎士》在 1890 年首演成功之後，榮華富貴滾滾而來，徹底改變了馬斯卡尼的生命，三十二歲就被任命爲羅西尼音樂院院長一職，由此一點可以看出義大利人對知名歌劇作曲家的尊崇簡直到了瘋狂的地步；而且其成就不只於此，由於全世界都對《鄉村騎士》極爲喜愛，馬斯卡尼甚至必須經常走出歐陸，前往美洲大陸巡迴演出此劇[14]。

　　《鄉村騎士》被公認最重要的藝術貢獻，乃因它是有史以來第一部以當代庶民生活作爲歌劇題材的歌劇，請注意前句中「當代」與「庶民」兩個詞彙，其中最重要的乃是「當代」概念，這麼一來，就開啓了西方歌劇的新時代，因爲這種藝術題材就是來自不折不扣的「寫實主義」思維。筆者曾多次演出《鄉村騎士》全劇，深感其藝術感染力是超越國界的；簡單的故事，樸素的背景，演的是泥土的芬芳，唱的是人性的真實面，愛恨交織的流血社會案件如在眼前，其音樂與劇情之契合簡直是渾然天成，再也無法增刪一絲一毫。這樣的鬼斧神工之作，別說是馬斯卡尼本身再也寫不出來更好

---

14 參閱 Burton Fisher，《Mascagni´s Cavalleria Rusticana，Leoncavallo's I Pagliacci》，Opera Journeys Publishing，2005．p．29

的作品，即使是威爾第也寫不出如此完整精練的寫實作品，這就是馬斯卡尼揹負「一曲作家」名號的真相！他一生完成十五部歌劇，但其餘皆無一能再企及自己的成名之作《鄉村騎士》之藝術成就，事實上，整個義大利歌劇史當中，真的找不到能比《鄉村騎士》更接近完美的作品，短短一個小時精煉的歌劇藝術極致，確實太難以超越了！

　　不談聲樂部份，就只聽《鄉村騎士》充滿義大利鄉間泥土芬芳的前奏曲，以及舉世知名的間奏曲這些管弦樂曲，其藝術成就已足夠讓馬斯卡尼留名樂史，遑論其他。

　　從表面上看來，《丑角》的作者雷昂卡伐洛（Ruggiero Leoncavallo，1857~1919）與馬斯卡尼的藝術理念應該是相近的，因為《丑角》也是寫實歌劇，故事取材自當時轟動社會的情殺事件，而《丑角》正好也是雷昂卡伐洛一生最成功的作品，更何況兩齣獨幕歌劇又總是被安排放在一起演出！然而，事實卻不全然如表面所見，若是觀察其創作過程的相關細節，會發現上述兩位作曲家的藝術觀點有許多不同之處。

　　雷昂卡伐洛在音樂方面的能力來自家鄉音樂學校拿坡里音樂院的紮實訓練，十九歲時進入波隆納大學主修文學，這顯示出雷昂卡伐洛對文學有不凡的興趣與專長，但是雷昂卡伐洛在畢業之後，卻選擇以巡迴鋼琴師的方式維生，流轉於

各地的餐館或咖啡廳之中，這或許是十九世紀末音樂家浪漫的流浪方式，別忘了馬斯卡尼年輕時也曾輟學隨小劇團巡演各地，從某個角度來看，這種方式也是親近土地，認識一般人民最好的方式了。不用說，音樂與文學雙重才華的組合必定使得雷昂卡伐洛自然而然地夢想成為一位偉大的歌劇作曲家，而且，他還是一位忠實的華格納風格擁戴者，在義大利，人民推崇的當然是羅西尼與威爾第的歌劇音樂，華格納的樂劇並不受青睞，但是，雷昂卡伐洛卻鍾情於華格納的連篇歌劇，這一點正可以看出他特立獨行的個性。

　　《丑角》的創作動機，就是來自於他對歌劇的理想抱負總是遭受歌劇製作人冷落與不重視之下，所產生的一次情緒反彈，再加上親眼看到馬斯卡尼的《鄉村騎士》快速走紅的情形，雷昂卡伐洛的創作力徹底的爆發了，他找到當時轟動社會的一樁真實情殺案例，完全模仿寫實手法架構腳本與音樂部份，以五個月時間火速完成《丑角》一劇，此劇於1892年首演，大獲成功，從劇本角度來看，《丑角》是一個非常陰暗扭曲的故事（真實案例改編），在血腥暴力的寫實場面上比《鄉村騎士》更直接，在音樂方面，《丑角》管弦樂部分的粗暴是有目共睹的，筆者演出過幾次《丑角》，每當全劇終了的時候總讓筆者如釋重負，那實在是一齣很沉重，很

不愉悅的歌劇，但最荒謬的是；雷昂卡伐洛根本就不是「寫實主義」的鼓吹者，他真正信仰的是華格納的樂劇理念，而非當代色彩的寫實歌劇，《丑角》其實是他在不服氣的情緒之中模仿馬斯卡尼風格的即興作品。在《丑角》一夕暴紅之後，雷昂卡伐洛順勢推出其稍早的作品，一齣華格納風格的大歌劇《梅迪齊》，其上演結果慘敗，之後他的作曲計劃並不順利，即使完成推出，也再沒有《丑角》的風光成就了[15]。這段插曲說明義大利聽眾或許是全世界最懂歌劇的行家，這也是歌劇王國義大利稱霸歌劇市場的重要原因之一。

　　不論創作動機與過程為何，《丑角》確實足可名列寫實歌劇的傑作之一，以風格影響力而論，普契尼的歌劇藝術中有一部分其實反而更接近雷昂卡伐洛《丑角》標示出來的風格；也就是直接、赤裸、且煽情的那一面。而非馬斯卡尼在《鄉村騎士》中優美且帶有保留意味的一面。

　　在《鄉村騎士》中的小號演奏非常有歌唱性，頗值得一觀，為十九世紀類似作品的出色典範。而《丑角》的小號演奏則多具強烈情緒的代表性；例如突兀的、暴躁的或是緊張等等不安定的元素，這在十九世紀當代作品之中是較少見的

---

15 《西洋音樂百科全書–浪漫時期音樂（下）》，陳藍谷　秋瑗　金慶雲翻譯，台北　台灣麥克股份有限公司，1995．p．150

（尤其是義法地區），但是這些強烈的風格也預告了二十世紀的音樂風格可能性。

第四節　普契尼的歌劇藝術

　　十九世紀義大利歌劇的發展軸線實在是再清晰不過的了！這發展軸線適足以說明義大利擁有的歌劇傳統是如何堅實。從蒙台威爾第的歌劇《奧菲歐》成功設置了義大利歌劇藝術的里程碑開始，到普契尼的《蝴蝶夫人》為止，三百年的歲月過去了，歌劇藝術早已成為義大利的國粹，無論是義大利美聲唱腔理論，劇本的文字架構，音樂的理論基礎乃至與舞台效果有關的一切藝術形式，都形成了一個很堅實的產業結構，教育機構也應運而生，有效率的培養各領域人才。

　　除了上述文創產業之外，還有一個環節是歌劇藝術發展的重要元素，那就是歌劇製作公司的作用，此一環節的業務範圍包括委託、協調、經紀、公關、宣傳與場地、售票等等事宜，乍看之下，上述工作內容似乎只是一些瑣碎的行政事務罷了，與藝術作品無關，其實不然，仔細觀察十九世紀所有義大利歌劇作曲家的成長過程，發現這些獨具慧眼的經紀人，或是識貨的製作公司是成功作品的幕後英雄，這些閱人

無數的歌劇經銷商（姑以此名之）是兼具商業本能和藝術品味的歌劇獵人，往往能夠扮演伯樂的角色，辨識出年輕的作曲家與其尚未成熟的作品所隱藏的潛力，若是沒有他們的鼓勵和信任，威爾第或許在 1840 年就放棄創作了，幸好米蘭歌劇院的歌劇經紀人信任他的才華，敦促威爾第繼續創作，並且把《那布果》的劇本提供（硬塞）給他，這才讓大師的歌劇事業不致中斷。

馬斯卡尼的《鄉村騎士》在 1890 年的成功，來自歌劇經紀人在眾多參賽作品中看出了馬斯卡尼的才華，因此大力提供機會給當時仍藉藉無名的年輕人演出作品的機會，這麼一來才有義大利寫實主義歌劇經典作品流傳後世。普契尼出道以後連續兩部作品《魔女之舞》（1884）與《艾德嘉》（1889）都不成功，但是經紀人瑞可第（Giulio Ricordi，1840~1912）仍對他深具信心，不斷地協調最好的劇作家修改劇本，安排一切有關新戲上演的事宜，幫助普契尼完成《瑪儂雷斯考》（1893），此劇的成功奠定了普契尼的事業基礎[16]。

除上述因素以外，樂評人士的力量也是歌劇作品能否存活的關鍵，雖然作曲家與樂評之間的關係總是愛恨交織的，

---

16 高士彥，《普契尼：不朽的義大利歌劇作曲家》，台北 世界文物出版社，2001．p．6–7

但是評論的益處顯然是遠遠多過缺失的，尤其是義大利人對歌劇演出的評論簡直是快速、直接且殘酷到了極點，更可怕的是，幾乎每一位觀眾都是嚴格的樂評家，都能發表頭頭是道的樂評，因此義大利歌劇創作者的壓力當然是很大的，雖然從劇本作家、導演、指揮到歌手都有壓力，然而，作曲家承受的壓力必定還是最大的，而這種壓力對於藝術風格的錘鍊可想而知。從歌劇創作的速度來看，普契尼的作曲速度是非常緩慢的，但是對於一位背負著巨大樂評壓力的完美主義者來說，普契尼如何敢踏錯一步？更何況普契尼還要面對自羅西尼以降一百年之間偉大歌劇傳統的承接工作，他的創作態度必須謹慎。

　　普契尼被認為是十九世紀義大利歌劇傳統的最後一位大師，事實上，在今日二十一世紀的歌劇領域之中，若回顧過去一百年的歌劇作品，恐怕確實沒有誕生在藝術成就上能夠與普契尼相提並論的歌劇作曲家，普契尼的歷史定位可以說是「前有古人，後無來者」。所謂「前有古人」者，是指普契尼的歌劇藝術成就乃來自於承襲了義大利世世代代偉大的音樂前輩們所努力耕耘的歌劇藝術遺產，因此普契尼並不孤單，他的成就確實與養育他的豐沃土壤有關。然而有關「後無來者」的看法，就比較難以簡單說明，筆者在此將之分為

兩方面來探討，第一個方向，是普契尼的創作風格；第二個
方向，則是大時代的藝術潮流。

普契尼的歌劇，顯示出他是一個旋律創作的天才，劇本
文字與音樂的魔術師，他的配器法獨步當代，少有其匹；然
而在上述優點之外，普契尼還有一個與其他的偉大義大利歌
劇作曲家不同之處，那就是他有無窮的好奇心與吸收異國文
化特色的本能，在他的歌劇裡，除了盡善盡美的義大利旋律
與劇情之外，更可以聽見許多來自異國的當代音樂藝術影
響，若是普契尼未因喉癌於 1924 年辭世，那麼他在《杜蘭朵》
（未完成）之後的作品極有可能會進入無調性音樂的世界，
因為普契尼從未排斥新的事物，並且也早已在不同作品中著
手新音樂的色彩實驗，二十世紀新音樂與義大利歌劇的結合
對普契尼而言應該只是時間早晚的問題。即使上述假設性問
題實質意義不大，也足以說明普契尼絕佳的音樂風格吸收能
力和創新能力。

在第二個面向上來看，西方音樂在西元 1600 年之前的進
展是很緩慢的。從西元 1000 年到 1400 年是一段漫長而緩慢
的過程，而從 1400 年到 1600 年則是另外一個變化較快一些
也多樣化一些的時期，從 1600 年之後音樂風格的演變、技術
革新與藝術多樣性的進展速度就一路加快，巴洛克風格風行

了一百年，洛可可風格與維也納古典樂派則在歷史上出現了五十年就受到浪漫樂派的衝擊，而進入十九世紀之後，百家爭鳴的藝術潮流變化更是快速的無以復加，這種藝術風格快速演變的潮流再加上政治與社會制度的劇烈變化所產生的催化作用，使得十九世紀成爲人類文明史上文化思潮最興盛的時期，到了二十世紀，音樂的風格演變終於面臨了崩解，也面臨了發展瓶頸。崩解的原因是無論任何創意都再難以避免重複；而產生瓶頸的原因則是不知何去何從！

　　再加上錄音技術的發展一日千里，十九世紀各獨立文化地區的音樂普遍地被錄製，並傳送到遠方，人類第一次可以不費吹灰之力的欣賞幾百年前的音樂，第一次可以客觀的同時品評比較各不同時期的音樂風格（經由錄音技術）。[17]這就造成了一個新的嚴肅音樂產業生態，創作者繼續創新實驗的藝術之旅，而演奏（演唱）者則必須同時具備演出過去與現代的音樂的能力，至於聽眾則可以自由的選擇所愛，甚至根本不必出門就可以欣賞音樂錄音。

　　上述的音樂產業型態是二十世紀之後才形成的，由於人

---

17 人類最早的錄音技術一般認爲是愛迪生（Thomas Alva Edison，1847~1931）於 1877 年所發明的留聲機。事實上在 1857 年法國人斯科特（Edouard Leon Scott，1817~1879）已經發明聲波紀錄器，並成功錄下聲音。

類的心智本能習慣於接受較有秩序與較具有傳統的事物，因此二十世紀的聽眾並不完全接受當代音樂的創新成分，反而對於巴洛克、古典或浪漫時期曲目愛不釋手，於此同時，具有專業作曲能力的音樂理論學者卻多存身於學院校園之內從事新音樂的實驗與教學，真正一天到晚在社會上面對群眾票房考驗的音樂創作者絕大多數都只剩下流行音樂作曲家（編曲家），而非嚴肅音樂作曲家，這種情形與十九世紀的情況簡直是天壤之別；在十九世紀任何一位嚴肅音樂作曲家都必須日復一日的面對挑剔的觀眾或樂評家，無一例外，所以十九世紀的知名音樂作品都是通過嚴酷考驗才生存下來的珍品。

如此一來，情勢對當代音樂的推廣更加不利。目前在當代的嚴肅音樂舞台上，一、兩百年前的古典音樂作品仍是主流，在當代歌劇院中，十九世紀的歌劇作品的票房依然是無可撼動，普契尼的義大利歌劇藝術為何「後無來者」，除了他本身掌握歌劇神髓的天才之外，另一個原因就是二十世紀的藝術大環境暫時無法造就出觀眾接受度可與之匹敵的歌劇作品之故，不過，在此所指的是嚴肅音樂歌劇，而非音樂劇。

普契尼的歌劇藝術，從吸收了寫實主義精神的《瑪儂雷思考》之後，就一直很果決的往實驗與融合創新之路前進，其結果便是他的創作構思過程長於一般作曲家，並且不停的

修改已上演的作品。普契尼對新劇本的取捨強烈的仰賴直覺，一旦讀到令他傾倒的故事，便立刻召集劇本作家進行剪裁與構思，普契尼的音樂來自他對戲劇的直覺和天才，而他總是極力要求劇本作家的文字必須同時契合故事與音樂兩方面，此過程之艱難與掙扎實在是工作團隊的最大考驗，不停的重複創作、推翻與協商的過程。1896 年《波西米亞人》終於完成，這一齣浪漫抒情劇（很少寫實色彩）沒有辜負歌劇世界漫長的等待，無論在曲風，劇情，配器各個方面都已是普契尼成熟自信的作品，他找到了自己最純熟的音樂語言，在數年前《鄉村騎士》與《丑角》大行其道的時候，普契尼曾有過的焦慮與懷疑，如今已經一掃而空！他已經寫出與威爾第不同類型的成功作品，更不再宥於寫實主義的戲劇感染力層次而已，他的視野已提升到國際的高度，並且試圖創作各種不同文化的愛樂者都能夠接受的歌劇。

　　筆者曾參與演出的普契尼歌劇幾乎包括了他所有的主要作品，例如《瑪儂雷思考》（1893）、《波西米亞人》（1896）、《托斯卡》（1900）、《蝴蝶夫人》（1904）、《強尼史基基》（獨幕劇，1918）與《杜蘭朵》（未完成，阿爾方諾版1926 年首演）[18]等等。其中，《波西米亞人》描述巴黎年輕

---

18 普契尼病逝於 1924 年十一月，留下《杜蘭朵公主》最後一景尚未完成，

藝術家的生活，《蝴蝶夫人》有虛擬的日本傳統音樂，《杜蘭朵》的故事則與中國古老朝代有關，每一齣歌劇都融合了異國色彩。普契尼當然不是第一個採用異國故事的歌劇作曲家，但是他確實是第一個在義大利歌劇中廣泛的運用異國音樂素材的義大利作曲家，今日依然有人認為普契尼在義大利歌劇傳統作品的成就沒有威爾第來的高，持此論者或許並非全然失誤，畢竟威爾第的義大利歌劇藝術成就無可動搖，但是許多華格納的信徒對威爾第歌劇的惡意批評雖不足取，卻也證明在交流日益頻繁的二十世紀，國際化的藝術思維對歌劇的影響有多大，而普契尼在義大利歌劇傳統上添加的新元素，事實上也強化了義大利音樂的影響力，其承先啟後的貢獻是毫無疑義的。

普契尼的管弦樂配器堪稱一絕，其原因有二，第一，普契尼的配器思維並不只是樂器與樂器之間的音色或力度的考量，而是還要加上樂器與聲樂的旋律、音色與歌詞的配合問題，也就是說，普契尼的配器法是管、弦、打擊樂器與人聲如何融合為一體的藝術，其層次之豐富，烘托歌詞與劇情之

當指揮家托斯卡尼尼（Arturo Toscanini，1867~1957）於 1926 年首演該劇時，已先委託阿爾方諾（Franco Alfano，1875~1954）協助完成該劇結尾音樂，但是正式首演時，托斯卡尼尼在普契尼停筆之處停下音樂，向大師致敬，因此首演之夜並未使用到阿爾方諾的續筆之作。

嚴謹可謂獨步樂史。第二個原因，是普契尼的配器法完美的綜合西歐各國音樂風格的精華，再加上義大利歌劇美聲元素，創造一種機智又抒情的效果，如法國音樂的輕巧，德國音樂的厚重，乃至俄國音樂的粗獷都可以在普契尼的音樂語法中被統一，成為義大利式的純熟練達，優美流暢。而這種風格上的融合正是十九世紀末音樂演奏風格最重要的發展。

第五章　俄羅斯樂派的風格影響力

　　十九世紀小號演奏風格研究第五章的探討主題來到十九
世紀俄羅斯音樂風格的影響；這是非常令人振奮的一章，因
爲俄羅斯的音樂發展潛力幾乎是在十九世紀中葉以後才一口
氣爆發出來，一旦展翅高飛，則勢不可當。俄羅斯在十九世
紀之後的音樂發展爲西歐的古典音樂傳統帶來耳目一新的影
響，也喚醒了俄羅斯自己土地的音樂藝術靈魂，整體而言，
它爲人類文明留下極有生命力的音樂篇章。

　　國族主義（Nationalism）[1]是十九世紀全世界在政治、種
族與民族傳統上最顯著的運動，這種對於自我國族地位覺醒
的強大能量一旦釋放出來，連音樂藝術的內涵也勢所不免地
受到影響。俄羅斯並非最早提倡國族主義音樂的國家，更非
唯一產生國族主義藝術思維的國家，但是俄羅斯音樂在國族

---

1 以國家利益與振興民族至上的政治主張，在音樂風格上的影響則反映在以
　民謠採集與民族音樂特色爲本的創作方向。

主義的理念之下確實成績斐然，甚至可以說是十九世紀最突出的音樂發展之一，它為十九世紀音樂添加的元素是無與倫比的，它為器樂演奏發掘出來的熱情是前所未見的，本章旨在討論上述俄羅斯令人驚奇的風格發展，因為任何對於俄羅斯十九世紀音樂發展過程的漏失都將是無法想像的損失。

第一節　俄羅斯音樂之父 —— 葛令卡

　　筆者第一次隨團前往俄羅斯訪問演奏是在 1994 年，正是在蘇維埃社會主義共和國聯盟（簡稱蘇聯）[2]解體之後三年，當時的莫斯科雖仍是氣勢恢弘，雄偉壯觀的國都形貌，然而隨處可見民生凋敝，經濟破敗的景像，在經過二十年之後，俄羅斯聯邦[3]又讓這片廣大的土地恢復了旺盛的生命力，以豐富天然資源為本錢，自由經濟為手段，俄羅斯再度回到強大國家之列。這一小段發生在眼前的歷史，適足以說明俄國人堅強的韌性與不服輸的天性，從俄羅斯的歷史來看，俄國真的是在逆境之中被鍛鍊而成的一個堅強的國家。

2　1917 年經由無產階級革命推翻俄羅斯帝國，於 1917 年九月成立俄羅斯共和國，旋即於同年十一月變更國號為俄羅斯蘇維埃聯邦社會主義共合國。1922 年底再度更改國號為蘇維埃社會主義共合國聯盟，簡稱蘇聯。

3　1991 年俄羅斯社會主義共產黨一黨專政垮台，1991 年底更改國號為俄羅斯聯邦（Russian Federation）迄今。

　　在俄國的訪問期間，當然會使用俄國的貨幣「盧布」[4]，筆者觀察到在某面額的盧布紙幣上印著葛令卡（Mikhail Ivanovich　Glinka，1804~1857）的肖像，當下便十分驚異於葛令卡歷史地位之高，俄國人民是以「音樂國父」的規格來尊崇葛令卡的貢獻。在研究葛令卡的成就之前，為了得到更清楚的線索，筆者在此有必要須先探討在葛令卡之前（十九世紀之前）俄羅斯的音樂發展概況。

　　愛樂者所熟知的「音樂之父」巴哈，1685 年出生於德國艾森納赫，而德國音樂傳統的建立與傳承又可以歸功於比巴哈早一百年出生的「德國音樂之父」舒茲（Heinrich Schutz，1585~1672），如果把時光再往前推，可以找到著名的威尼斯樂派作曲家，同時也是舒茲的作曲老師喬凡尼・加布瑞利（Giovanni Gabrieli，1557~1612），歷史至此已追溯到發起文藝復新運動的藝術源頭義大利。在文藝復興之前的中古時期音樂，則主要是以基督教會（羅馬・梵諦岡）的經文歌為發展的源頭，這一系列簡單的描述，大致已經將西歐的音樂發展源頭回溯到西元 1000 年時葛利果聖歌所產生的影響了。

---

4 盧布（Ruble，或是 Rouble）是俄羅斯貨幣，擁有悠久的貨幣歷史。在 1991 年之前，前蘇聯時期盧布匯率最高曾經到達一盧布兌換兩美金，1991 年底俄羅斯聯邦成立之初局勢不穩，匯率曾經探底至一千四百盧布兌換一美金。目前的匯率則穩定在三十盧布兌換一美金的水準。

　　然而，從首位被俄國人民公認爲「音樂國父」的葛令卡出生於十九世紀初期的這個事實來看，俄羅斯的音樂啓蒙運動是遲至十九世紀前葉才開始的。爲何如此之遲？原來俄羅斯的地理、歷史與人文條件在十八世紀初期以前根本無法與歐洲其他地區良好接軌或交流，若稍加回顧俄羅斯的歷史，會發現它雖然並不是一個歷史悠久的國家，但是在那一片嚴寒且廣大的土地上所發生過的歷史，卻是無數個充滿了掙扎與血淚的複合民族生命融合史。

　　俄羅斯擁有世界最大的國土面積，多元民族組合而成的國民，在蒙古於十三世紀入侵這塊廣大的土地之前，並沒有統一的狀態，當然也沒有統一的語言或宗教，蒙古統治者建立「金帳汗國」統治期間，採取以俄制俄的統治方法，將俄羅斯分割爲若干部族地區，經由蒙古大汗的授權進行間接統治，經過長達數百年被蒙古統治的血淚教訓，使俄羅斯各部族之間逐漸以結盟來加以抗衡，最後終於由其中最強大的莫斯科大公國終結了蒙古殘存的統治勢力，並統一了大多數部族勢力，先於十六世紀中葉正式成立沙皇俄國，再於十八世紀初稱帝。俄羅斯帝國歷代十餘位沙皇共統治了兩百多年，在 1917 年經由無產階級革命而失去政權，遜位下台，由「俄羅斯共和國」（後改名蘇聯）取而代之，至 1991 年共產黨主

政的蘇聯垮台，再度更改國名爲「俄羅斯聯邦」迄今[5]。

　　本書研究的時代範圍，是俄羅斯帝國時期，正是沙皇掌權的時代，也是 1812 年俄軍於滑鐵盧大敗法國皇帝拿破崙遠征軍的光輝歲月，在俄羅斯帝國成立之前，俄國並沒有太多餘力去建立藝術的殿堂，並且俄國東正教（東方正統大公教會）[6]與基督教世界其他兩大教派－天主教與新教（基督教）彼此之間對聖經的詮釋略有觀點方面的不同，因此彼此之間並未積極交流，諸多因素使得俄羅斯的嚴肅音樂脫離了西歐發展的軌跡，幾乎成爲化外之地。這種落後的情形在十八世紀有了顯著的改變，很大的原因是因爲彼得大帝（Peter the Great，1682~1725）的文治武功。彼得大帝是第一位將西歐的制度與文明有計畫地帶進俄國的人，身爲俄羅斯獨裁者，他於 1721 年宣布了俄羅斯帝國的成立，加強軍事力量，開疆闢土，大幅增強俄羅斯帝國的國力，在彼得大帝之後，伊莉莎白女皇（Elizabeth the Emperor，1709~1762）也對俄羅斯的西化運動有推動之功，這倒不全然是出於文化藝術的考量，而是因爲伊莉莎白女皇個人非常奢侈崇洋，尤其是對法

5　王曾才，《西洋近代史》，中央研究院中美人文社會科學合作委員會，台　北　正中書局，2003．p．190

6　早在十六世紀的宗教改革之前五百年，1054 年羅馬天主教會與希臘東正教會的對抗就造成了基督教世界的分裂，東正教（Orthodox Catholic Church）成爲規模僅次於天主教的基督教派，信徒主要分布在東歐與西亞。

國服飾與音樂舞蹈十分心醉之故。而將丈夫彼得三世趕下王位的著名女皇——「開明專制」凱薩琳二世（Katherine II，1729~1796）更進一步的消弭俄羅斯帝國與西歐文化藝術的差距。

在十八、十九世紀之間，法國巴蕾舞傳入俄國，義大利歌劇也受到喜愛，大量西歐的藝術教師被聘請到俄羅斯爲貴族工作，然而此時，俄國人還未能正視自己的文化如何與西歐的文明融合的問題，卻仍只是停留在欣賞與模仿的階段，直到葛令卡提出他的主張，打破了俄羅斯文化界不平衡的全盤西化局面。

十八世紀以來，俄羅斯就誕生許多文學界的尖兵，世界性的文豪，到了十九世紀，俄羅斯文學更在寫實主義文學方面取得很大的成就，然而音樂創作方面卻始終沒有動靜，葛令卡提出的主張非常簡明易懂，他認爲應該以西歐的音樂理論技術來表現俄羅斯本土性的音樂素材；這個想法並不前衛，也絕非複雜難解的構想，卻從未有俄羅斯音樂家在葛令卡之前提出過；而在葛令卡連續以兩部成功的歌劇《向沙皇效忠》（1838）與《盧思蘭與魯蜜拉》（1842）展現他的理念之後，俄羅斯十九世紀作曲家紛起效尤，終於在十九世紀後期綻放出極其驚人的成果，俄國五人團（The Five）或是

柴可夫斯基的音樂（Peter Ilyitch Tchaikovsky，1840~1893）
都讓整個西歐為之驚豔，其國族主義的藝術成果，成為十九
世紀末的音樂主流之一，影響了許多北歐、東歐、南歐甚至
大西洋另一頭的美洲國家。從另一個角度來說，西歐的傳統
古典音樂理論也經由與不同文化的融合而得到生命的延續與
更新。

　　無論是《向沙皇效忠》當中對貴族階級的崇洋浮誇風氣
的暗諷，或是《盧思蘭與魯蜜拉》這齣依據俄國詩人普希金
（Alexander Pushkin，1799~1837）[7]的浪漫詩篇編寫而成的
浪漫歌劇，葛令卡的創作手法都是屬於義大利式歌劇的架
構，但歌劇中最動人的部分是俄羅斯民歌妝點出來的旋律，
點出了可行的一條創作方向，事實上這也是一個很有智慧的
創作方案。

　　在十九世紀，對俄羅斯的音樂風格影響最大的文化實
體，就是法國和德國，而並不是葛令卡本身較為貼近的義大
利風格，當然葛令卡的音樂涉獵是很廣泛的（他並非音樂科
班出身），義大利不是葛令卡唯一遊學過的國度，其實他對

---

7 普希金是俄羅斯十九世紀最偉大的文學家、思想家與啟蒙者，除了文學成
　就之外，他終身不屈不撓的與帝俄沙皇政府的鬥爭更是壯烈，其英年早逝
　的原因也是沙皇政府的陰謀策劃造成。普希金的作品不僅打開俄羅斯現代
　文學之門，也是十九世紀俄羅斯音樂家最重視的靈感來源。

於法國與德奧音樂也很熟悉，只是他在歌劇的語法上較接近當時的義大利歌劇風格。

　　葛令卡對俄羅斯各個窮鄉僻壤的傳統民歌產生興趣的動機如何不得而知，他出身貴族之後，家境富裕，教育完整，生而被培養成為政府文官，然而他對音樂有著過人天賦，幾次旅行遊學西歐的經歷，或許使他的藝術直覺與國族認同產生了交互作用。由於曾長期擔任俄羅斯帝國的地方官員，葛令卡得以深入民間，他深知俄羅斯的民族之聲蘊藏了深沉情感，必須以適當架構與藝術載體加以記錄，或許葛令卡曾努力找出可行的方案，等待時機成熟之後再提出他的主張，順著這一條路，十九世紀俄羅斯音樂走出了一條極有生命力的藝術道路。

　　葛令卡熱愛旅行，晚年長期旅居國外，最終病逝於德國柏林，他的音樂創作範疇寬廣，作品數量雖然不多，但是種類頗繁，包括室內樂、管弦樂曲、鍵盤音樂、歌曲與歌劇等等，他以不同類型作品來說明自己的主張，很快的就擁有了國際知名度，也啓發了俄羅斯國內新一代的追隨者[8]。

　　筆者曾經演奏過葛令卡的歌劇《盧思蘭與魯蜜拉》序曲

---

8 朱秋華，《西方音樂史》北京大學出版社授權，香港 中文大學出版社，2002．p．197–198

與《卡瑪林斯卡雅》管弦旖想曲，樂曲中的俄羅斯民族風格活力鮮明活跳，旋律豪邁酣暢，毫不拖泥帶水，真是盡顯俄羅斯那廣大土地上的人民面對苦難也依然挺直腰桿子的氣魄。難怪所有在西歐具有數百年演奏傳統的西洋樂器（如鋼琴、小提琴與大提琴等等），來到俄羅斯發展不到百年就全都產生了俄羅斯演奏學派，小號的演奏學派也在十九世紀俄羅斯音樂中有很精彩的發展，在後續的篇章中也將陸續探討。

第二節　俄國五人團

在探討俄羅斯「俄國五人團」（以下簡稱「五人團」）[9]的藝術成就之前，必須先了解十九世紀俄國國族樂派的重要人物達戈密斯基（Alexander Sergeivich Dargomijsky，1813~1869）的藝術影響力。

葛令卡所提出的國族音樂構想在俄羅斯文化圈迴響雖大，但是一時之間並無太多優秀作品隨之而來，當時俄羅斯並沒有正式的音樂學院，著名的聖彼得堡音樂院與莫斯科音

---

9 1860年代早期巴拉基列夫在聖彼得堡成立了自由音樂學校（Free School of Music）專門從事俄羅斯音樂的發表與推廣。著名樂評家史塔索夫（Vladimir Vasilievich Stasov，1824~1906）在1867年首次以「強力集團」（Mighty Handful）形容以巴拉基列夫為首的國族主義作曲家聯盟，而後「五人團」（The Five）之名遂流傳日廣，受到認可。

樂院的正式設立都遲至 1860 年之後才發生,也因此著名的俄國「五人團」之成員無一是音樂科班出身的,倒也不一定是他們執意如此,實在是俄羅斯的音樂學院教育系統開始的很晚之故。

　　達戈密斯基的藝術成就,適當的填補了葛令卡之後,「五人團」之前的俄羅斯音樂空窗期,對今日的觀眾而言,幾乎已經沒有人知道達戈密斯基的樂名了,這位業餘作曲家的生平與葛令卡十分近似,同樣出身良好,身爲政府官員卻醉心音樂。他是葛令卡的理念追隨者,在葛令卡的鼓勵之下將自己業餘的音樂愛好轉變爲終身職志,達戈密斯基熱愛法式浪漫歌劇形式,也曾經私淑義大利歌劇大師羅西尼,但是其歌劇音樂素材則取自俄羅斯地方民歌,後與「五人團」」成員情誼深厚,對俄羅斯音樂有深遠的影響[10]。

　　俄羅斯國土幅員遼闊,並且是由多民族組成的政治實體,如前文所述,在十七世紀以前,俄羅斯並沒有足夠的歷史背景或資源與西歐的古典音樂接軌,然而在俄羅斯帝國建立之後,從貴族與地主組成的上流社會開始積極的西化運動,無論是服飾、娛樂、音樂藝術等等都開始深入的吸收與

---

10 達戈密斯基的作品數量不算多,但是對於俄羅斯國族主義音樂的發展十分重要,填補了葛令卡與五人團之間的空白時期。其重要歌劇作品有《人魚》和《石頭客》等等。

移入西歐文化，葛令卡在音樂創作上喊出俄羅斯化的口號之後，俄羅斯的音樂發展產生了翻天覆地的變化，首先是音樂教育的環節逐漸跟上了腳步，例如 1862 年原籍德國的猶太裔鋼琴家安東・魯賓斯坦（Anton Rubinstein，1829~1894）首創了聖彼得堡音樂院，兩年之後，他的弟弟尼可萊・魯賓斯坦（Nikolai Rubinstein，1835~1881）則創立了莫斯科音樂院[11]。在此之前，俄羅斯並沒有系統式的音樂教育機構。在正式的藝術教學機構成立之後，俄羅斯的音樂與舞蹈的相關產業快速蓬勃並進入民間，而不僅僅是爲貴族服務了。最後一點，葛令卡的理念還開啓了最重要的一個文化環節，就是民族的原創性與代表性。從 1840 年代算起，俄羅斯的音樂藝術能站上國際舞台且毫不遜色，確實是一個奇蹟！

　　本節的主題 —— 「五人團」的藝術影響力在今日看來當然是遠遠超過葛令卡單打獨鬥的成就許多了，在西洋音樂史上無論是藝術成就或是知名度能與之比擬的創作團體則根本沒有。

　　「五人團」的成員分別是巴拉基列夫（Mily Alexeyvich Balakirev，1837~1910）、庫宜（Cesar Antonovich Cui，

---

11 朱秋華，《西方音樂史》，北京大學出版社授權，香港　中文大學出版社，
　　2002・p235

1835~1918）、穆索斯基（Modest Musorgsky，1839~1881）、
林姆斯基‧高沙可夫（Nikolai Rimsky–Korsakov，1844~1908）
與鮑羅定（Alexander Borodin，1834~1887）。這五位著名的
成員沒有一位是音樂科班出身，話說回來，在他們年幼之時
俄國根本也沒有專業音樂院管道可以入學，當然，他們的家
世背景都還不錯，自幼都有音樂家庭教師幫助培養音樂興
趣；帝俄時期家世背景優良的年輕男子的職業類別根本就不
重視藝術這一項，尤其是上流社會家庭人人都希望培養男孩
子成爲公職人員，實用工業技術專才，或者至少要成爲帝國
軍官，光耀門楣！

　　巴拉基列夫是葛令卡的嫡傳弟子，原本他是主修數學的
大學生，但在無法忘情於音樂的心情下來到聖彼得堡，葛令
卡幫助他找到創作的終身職志。深受老師的國族音樂思維影
響，並且身爲一個民族音樂的信仰者，巴拉基列夫熱情的（幾
乎是嚴厲的）督促身邊這些在建立俄羅斯音樂的道路上擁有
相近理想的同志們，努力與西歐主流音樂抗衡[12]。

　　這種以本土音樂抗衡西方風格的想法在十九世紀末就已
經很不明顯了，因爲俄國音樂家已經累積了足夠的自信，俄

---

12 陳石嗣芬，《歷代名作曲家介紹》，台北 中國文化大學出版部，1983‧
　　p‧119

羅斯的音樂也已相當國際化了的緣故。但是在 1860 年代，這種文化抗衡的想法可是大事一件。巴拉基列夫以鋼琴作品最著名，結構簡潔，節奏明快，原創性非常濃厚，管弦樂方面包括兩首交響曲，現今已極少在音樂會上演出，筆者曾演奏過他的管弦樂組曲，完全沒有炫耀的色彩，而是著重在樸實的呈現俄羅斯民族歌曲與舞蹈的元素，除此之外，巴拉基列夫也不排斥某些近東邊疆民族的傳統音樂元素，非常動聽。巴拉基列夫的交響曲作品當中的銅管編制與布拉姆斯的交響曲一樣保守，但在音響營造方面完全不同，已經可以聽到俄羅斯寬廣的大地之音，這種豪邁粗獷的旋律線是日後俄羅斯管弦樂一直保有的特徵。

　　巴拉基列夫在 1856 年來到聖彼得堡，並有機會短暫的與葛令卡學習，他在此同時也結識了在聖彼得堡主修工程學的庫宜，庫宜在巴拉基列夫的鼓舞下投身音樂領域。庫宜的創作天分比較有限，九部歌劇作品均未獲正面評價。由於西歐的歌劇風氣以及葛令卡的指標性成就，十九世紀俄羅斯國族主義作曲家也認為成功的歌劇作品是必要的成績。庫宜始終被認為在音樂評論方面的成績比較顯著，他一直是其他集團成員的藝術理論支持者；至於在作曲方面的成績則極少被提及，其實庫宜在歌劇方面雖然力有未逮，但是在鋼琴小品與

藝術歌曲方面頗有品味，成績是不錯的[13]。

　　葛令卡逝世於德國柏林那一年（1857），正值巴拉基列夫與庫宜在聖彼得堡熱烈的展開追尋俄羅斯音樂道路之際，一位儀表堂堂的新進帝國禁衛軍軍官進入了巴拉基列夫的小社團，年方十八的穆索斯基經由達戈密斯基的引薦，很快成為巴拉基列夫最優秀的作曲學生。巴拉基列夫再次施展他強力鼓吹理念的領袖特質，穆索斯基在他的鼓勵之下，很快的脫離軍職，全心追求音樂之路。當時誰也想不到，這位琴藝尚可，但是缺乏代音樂表作的年輕軍官，會成為十九世紀最具俄羅斯氣息的寫實派俄羅斯音樂代言人，其成就遠遠超過巴拉基列夫，甚至於超過了葛令卡揭櫫的理想。因為葛令卡的主張乃是將俄羅斯的民族元素放進西歐音樂的架構與方法之中，而穆索斯基最後達成的成果是在兩方面都打破了成規，一舉將俄羅斯音樂帶進了二十世紀，這個成就連柴可夫斯基的作品都還達不到。

　　穆索斯基的作品數量不多（其實並不少，但其中許多未完成），但是他的每一首代表作，都標示了一個新的藝術里程碑。

13　《西洋音樂百科全書 ── 十九世紀薪傳（下）》，陳樹熙、秋瑗翻譯，台北 台灣麥克股份有限公司，1995．p．155

　　從作曲之初，穆索斯基就有創作歌劇的計劃，但經常不了了之，他就是無法找到適當的語法來表達心中感受到的樂念。1865 年左右，由於創作的不順利、俄羅斯的社會階級動盪再加上失親之痛（母親過世），穆索斯基開始酗酒，這個惡習是穆索斯基以四十一歲之壯齡英年早逝的主因。穆索斯基本身就像是人們想像中十九世紀瘋狂藝術家誇張形象的真人版，他終生未婚，始終無法安定於一地，並以強烈直覺判斷一切。

　　在「五人團」之中，穆索斯基的作品（無論已完成或未完成的作品）是最特殊的，幾乎超出同儕可以理解的範圍，他在 1867 年完成的管弦樂曲《荒山之夜》就是一首極為傑出的音畫，完全基於俄羅斯色彩創造出來的怪誕寫實音樂，即使是好友兼「五人團」同僚林姆斯基‧高沙可夫都無法完全理解《荒山之夜》，因此在穆索斯基去世後，林姆斯基‧高沙可夫特意花工夫潤飾《《荒山之夜》「古怪粗獷的和聲與配器」以便出版。但是現代的樂評家都已紛紛認同穆索斯基的原稿才能重現音樂家內在的聲音，才是那狂放場景的最佳呈現；但是在十九世紀末，穆索斯基的音樂現代感尚顯得十分孤獨。

　　穆索斯基生涯最大的創作計劃，首推歌劇《鮑里斯‧郭

多諾夫》，此劇的創作歷程始於 1868 年，可是上演過程跌跌
撞撞的十分不順利，尤其是劇本的政治不正確也造成了不少
麻煩[14]；然而穆索斯基一反常態，對此劇的音樂部分非常的
執著與投入，並且以不尋常的速度譜寫《鮑里斯‧郭多諾夫》
的音樂，一年左右就完成了作曲工作，然而此劇幾經挫折，
正式首演全劇已是 1874 年了。

　　《鮑里斯‧郭多諾夫》無疑是俄羅斯音樂史最具原創性
與文化衝擊性的歌劇作品。穆索斯基過世之後，林姆斯基‧
高沙可夫基於上述同樣的理由也對此劇進行了修改的工作，
但是現代樂評同樣認同穆索斯基的原稿是更優秀的藝術作
品。

　　的確，穆索斯基的音樂並非爲「悅耳」的目的而作，他
的音樂是一種根植在俄羅斯冰冷大地上椎心刺骨的吶喊，並
且處處充滿生命力的藝術[15]。

　　穆索斯基最廣爲世人所知的作品或許是鋼琴組曲《展覽
會之畫》，這部作品的格式超越一切傳統，倒是二十世紀法
國音樂家薩替的某些鋼琴作品（如《運動》）近於《展覽會

---

14 歌劇《鮑里斯‧郭多諾夫》的故事大綱離經叛道，描寫郭多諾夫以殺戮
　　篡奪沙皇皇位，最後在眾叛親離的局面下神志不清，發狂而死的經過。
15 《西洋音樂百科全書 ── 十九世紀薪傳（下）》，陳樹熙、秋瑗翻譯，
　　台北 台灣麥克股份有限公司，1995‧p‧79

之畫》的格式[16]。《展覽會之畫》的管弦樂版本也是現今音樂會最受歡迎的曲目之一，改編者是法國作曲家拉威爾，拉威爾在此曲展現的配器藝術成就倒是至今尚無人敢加一詞。

　　在《五人團》之中年紀最長的一員是鮑羅定，但是他加入這個創作班子的時間卻是最晚的。鮑羅定自幼便有計劃的學習科學，成長後成為著有聲譽的化學教授，他一生視音樂為良伴，卻始終認為自己只是一個業餘作曲家，「五人團」其他成員對此顯然並不同意，他們很清楚鮑羅定的特殊音樂天分，其中尤其是以自居領導者的巴拉基列夫給他的壓力最大，鮑羅定對於「五人團」給予他的各種創作意見（壓力）又愛又恨，他需要同僚給予他的溫暖與回饋，但是對自己的藝術觀點並不願意輕易更改。今日，鮑羅定的作品上演次數依然十分頻繁，名列俄羅斯國族主義樂派代表作曲家之一，已沒有多少人記得他優秀化學家的身分了。

　　鮑羅定從聖彼得堡醫學院畢業時（1856）曾奉派至軍醫院短期服務，因而認識年輕軍官穆索斯基，數年後鮑羅定自德國留學後返回母校任教，經由穆索斯基的介紹進入巴拉基列夫主導的音樂圈子，當時十九歲的海軍軍官林姆斯基‧高

---

16 薩替的鋼琴組曲《運動》是以數個半獨立的樂章組合而成，並且由朗讀者的敘述貫串各個樂章，頗類似《展覽會之畫》當中的《漫步》橋讀者的敘述貫串各個樂章，頗類似《展覽會之畫》當中的《漫步》橋段。

沙可夫已經先一步加入團體，但正在海外隨艦隊服役，「五人團」真正全員到齊是 1865 年的事了。

　　筆者曾參與演出的鮑羅定管弦樂作品有《伊果王子》、《第二號交響曲》以及《在中亞細亞草原上》等等，鮑羅定的音樂素材非常容易辨認，其內容不只限於俄羅斯的題材，而是跨足到東歐、中亞細亞或亞美尼亞的民族素材，再加上他高超的旋律寫作能力與嚴謹的結構，充分顯示鮑羅定雖然無法在音樂上花太多時間作曲，但是只要一旦起頭，他就會運用理性的力量全力完成，這種組織能力只有林姆斯基‧高沙可夫能與他相比。這個特色也顯現在鮑羅定的室內樂作品上，他的第一號《A 大調絃樂四重奏》是最受大眾喜愛的作品，第二號絃樂四重奏雖稍遜一籌，但是樂曲當中嚴密的樂思與美麗的旋律一聆即知是大師手筆[17]。

　　與鮑羅定的音樂理念最能相容的「五人團」成員是林姆斯基‧高沙可夫，他以精湛的管弦樂配器與善於啓發後進聞名於世。林姆斯基‧高沙可夫出身海軍世家，本來他很可能終其一生安分的擔任一個海軍軍官，但是巴拉基列夫又一次把復興民族音樂的重責大任抬出來，激發了他原有的熱情與天分。

---

17 王沛綸，《音樂辭典》，台北 樂友書房，1969‧p‧15

　　說來不可思議，林姆斯基‧高沙可夫高深的音樂能力居然是誤打誤撞，時勢造英雄而來的，他的第一號交響曲是被巴拉基列夫逼出進度來的（1865），小有名氣之後，意外受邀擔任聖彼得堡音樂院作曲教授（1871），逼得他私下苦學理論，以免出醜。海軍軍方高階友人為使他方便作曲，為他專設海軍樂隊監督一職（1873），正好讓林姆斯基‧高沙可夫熟悉所有的管樂器。可以說，這位俄羅斯十九世紀音樂大師的作曲技巧都不是從學院派學習來的，而是從現實生活中向良師益友學習而來，更可能是一邊作曲一邊學習而來。這樣的知識或許更加可貴，也更加紮實。許多二十世紀俄羅斯最傑出的作曲家都曾向他學習，如葛拉茲諾夫（Alexander Glazounov，1865~1936）、普羅高菲夫（Sergei Sergeyevich Prokofiev，1891~1953）與史特拉汶斯基等等都曾受教於他[18]。

　　筆者曾參與演出過的林姆斯基‧高沙可夫作品包括《天方夜譚》、《西班牙狂想曲》等等，他與鮑羅定一樣，音樂取材範圍包含許多異國民族色彩，並不限於俄羅斯的音樂。林姆斯基‧高沙可夫使用的小號演奏語法非常偏重連續且快速的斷奏，在《天方夜譚》裡的小號部份經常被當作小鼓一

---

18 《古典音樂 CD 百科（25）── 「林姆斯基‧高沙可夫 ── 管弦樂的傑作」》，香港 迪茂國際出版公司，2000‧p‧293–295

般使用，雙吐與三吐的技巧頻繁出現，這種寫法也在鮑羅定的《伊果王子》裡出現，很有趣的是在林姆斯基・高沙可夫的得意門生史特拉汶斯基的《春之祭》當中也有同樣的手法，可見得對俄國樂派作曲家來說，小號手的連續快速吐音是很可行的技術，這也是俄國樂派小號演奏的一種特色，對於小號的獨奏曲目發展有深遠影響。其實所有關於小號吐音技巧的探討，是以法國學院派的資料整理得最完整，俄國音樂家也受到法國樂派的影響，只是，俄羅斯的語言天生就有快速運舌的優勢，因此青出於藍勝於藍[19]。

此外，「五人團」的作品共同的展現了獨特的銅管樂器的「氣勢」，這種獨特的樂風與德奧系統音樂之中銅管音樂的嚴謹平整不同，俄國銅管的風格有更強烈的個人情緒在內，有時甚至不顧一切，失去聲部平衡也不要緊似的。

俄國銅管也與法國樂派的銅管音樂不同，法國的銅管非常優雅精巧，像是訓練精良的演員般進退有度，技巧一流，而俄羅斯的銅管技巧過人，但是氣勢更驚人，往往毫無畏懼的將音樂張力推至極限（甚至超過極限），從某些角度來說，俄羅斯銅管的表現方式反而與十九世紀晚期義大利歌劇的語

---

19 在小號吐音（舌奏）方面占優勢的民族除了俄羅斯之外，還有西班牙語言文化地區。例如西班牙本土與中南美洲等地區國家的小號音樂都有繁複急促的舌奏技巧，這是一種語言優勢。

法接近，常見非常戲劇化也非常極端的音樂張力。這樣的表現方式來自它的民族底蘊，也來自壓抑了太久的民族情感，也或許正因爲俄羅斯沒有古典音樂漫長的傳統歷史包袱，因此「五人團」可以盡情揮灑，完美的捕捉到上述民族化特質。

「五人團」的形成並非出於任何人事先的規畫，似乎也沒有計算過成功機率，它或許本來只是類似於一群文人基於理念所組成的「文社」性質的團體，成員彼此互相鼓勵，也互相競爭砥礪。然而，音樂史上卻很難找到像俄羅斯「五人團」擁有如此明確的理念方向，同時成果又如此豐碩的藝術團體。

俄羅斯樂派在 1850 年之前在世界樂壇根本毫無地位可言，然而五十年之間，俄羅斯音樂成爲古典音樂世界的燦爛明星，無論是音樂教育、作曲與演奏都擠身世界一流水準，難怪俄國人民稱呼葛令卡爲「俄國音樂之父」，稱呼巴拉基列夫等人爲「強力五人團」。

第三節　柴可夫斯基的音樂藝術

音樂是一種抽象的藝術；因此音樂無法被看見，也沒有具體形象得以觸摸，當然它也沒有氣味，沒有酸甜苦辣。音

樂是以聽覺為途徑，從而與心靈交流的藝術，音樂這種抽象的藝術經過漫長時間的發展才有具體記載方式（記譜法）的產生，透過技譜法的完善，使得經過訓練的音樂家似乎可以憑藉眼睛讀譜來理解音樂了，從此之後便逐漸產生一些音樂的規則與教條，但是這些音樂規則與教條有時候居然會被誤認為音樂藝術首要的本體價值，這就是藝術創作上的形式主義（Formalism）[20]最大的害處！

　　然而，形式主義也並非完全沒有益處，音樂的規則（樂理）和教條（曲式）是音樂藝術領域不可或缺的資產，也是架構音樂輪廓的藍圖，雖然它們無法取代藝術家心中的謬思（靈感），也不可能製造一絲真誠的情感；但是它們卻能夠快速的推廣音樂。嚴格來說，任何人想要完全的掌握音樂的一切規則都必須透過真誠的情感與靈感！否則永遠會失之毫釐，差之千里。

　　柴可夫斯基（Peter Ilyich Tchaikovsky，1840~1893）的名字幾乎已經是十九世紀俄羅斯樂派的同義詞，幾乎沒有人能面對他的音樂而無動於衷；所有深沉的悲哀，那些歡騰與光輝的舞蹈，如此高貴華麗的場面與那無以名狀的絕望居然

---

20 形式主義放在文學、藝術與音樂上來說是一種較為負面的說法；意指在結構、形式或程序上的堅持高於一切其它因素的創作態度。

都可以同時在他的音樂中找到，柴可夫斯基是極少數能夠完美融合音樂的規則與真實感受的作曲家，雖然他的躁鬱症與不時發作的精神耗弱提早地毀了他的人生，但卻造就了他最為人所熟悉的浪漫音樂風格。

前文提到，十九世紀俄羅斯作曲家幾乎都出身貴族或地主家庭，因此自幼都有家庭音樂教師的音樂教育背景，成長之後雖然沒有接受正規音樂訓練，卻依然有不錯的音樂基礎學習創作。柴可夫斯基的成長情形大致與上述相同，只是他的鋼琴課直接來自母親（Alexandra Andreyevna Assier，1812~1854）的教導，柴可夫斯基的父親（Ilya Petrovich Tchaikovsky，1795~1880）於 1850 年就任聖彼得堡大學校長職務，他將十歲的柴可夫斯基帶至聖彼得堡法律學校就讀。1954 年母親悲劇性的去世深深打擊了他，這一年十四歲的柴可夫斯基開始作曲，這顯然不只是機緣巧合，他年幼的心靈已經意識到音樂的創作是情感重要的寄託方式了！

1862 年聖彼得堡音樂院成立時，柴可夫斯基已經在帝俄司法部擔任了三年的公職人員了，此時他已無法再對音樂的召喚視若無睹，遂於 1863 年轉換跑道，正式入學聖彼得堡音樂院，成為安東・魯賓斯坦的學生，三年後莫斯科音樂院成立，表現優異的柴可夫斯基於 1866 年甫出校門便應聘擔任莫

斯科音樂院的教職，他的《第一號交響曲》就完成在這一年。
至此柴可夫斯基的作曲事業進入新的階段，他已完成音樂科
班教育，並在一流音樂院教書，沒有人會再懷疑他的能力（除
了他自己以外）[21]。

1868 年柴可夫斯基結識了「五人團」成員，由於他本身
對西歐音樂語法的學院派思維，使他對於國族主義的理念一
直保持著一種客觀的距離。不過，柴可夫斯基的音樂與五人
團的主張之間並不是南轅北轍的，他們始終都是關係友好且
互相輝映的藝術之友。例如巴拉基列夫就曾與柴可夫斯基有
過一番美學上的腦力激盪；管弦樂序曲《羅密歐與茱麗葉》
（1869）的完稿確定參考了巴拉基列夫的主觀意見。

在莫斯科音樂院任教的十年之間，柴可夫斯基完成了許
多不可思議的好作品，質量俱精。如《b 小調第一號鋼琴協
奏曲》、巴蕾組曲《天鵝湖》、《第四號交響曲》與《D 大
調小提琴協奏曲》等等，這一段靈感泉湧的時期終結於 1877
年，起因於他做了一個錯誤的決定；走進一段莫名的婚姻。
這場災難性的婚姻鬧劇直接導致柴可夫斯基精神崩潰並且於
次年辭去教職[22]。

---

21 《古典音樂 CD 百科（40）── 柴可夫斯基 ── 管弦樂的傑作》，香港 迪
   茂國際出版公司，1998．p．475
22 柴可夫斯基於 1877 年七月與米柳科娃（Antonina Miliukova，1848~1917）

　　柴可夫斯基於 1878 年毅然決然辭去莫斯科音樂院教職，辭職的表面原因是由於無法在短期之內康復的精神耗弱，但是其背後還有兩個因素；其一是梅克夫人（也曾是德布西的雇主兼贊助人）當時已承諾每年固定付給柴可夫斯基一筆年金，這筆贊助收入可以讓他較無後顧之憂地作曲，無須再依靠教職的收入維生[23]。其二則是柴可夫斯基的同性傾向似乎已成為音樂圈內公開的秘密，在十九世紀俄羅斯帝國的宗教與法律都對同性傾向採取禁止的態度，柴可夫斯基一生都為此而糾結萬分，值此婚姻破裂的當口，他實在無法面對音樂院的同事與學生。在此，筆者不禁為這位偉大的藝術家感到同情，原本就萬分敏感脆弱的心靈，卻必須經歷這許多艱難的處境。

　　可想而知，離開了莫斯科音樂院之後，柴可夫斯基那種被掏空的感受使他的創作能量遠遠不及之前的黃金時期，幸好他與梅克夫人之間的友誼使他仍保持著一定素質的創作情緒，這史上著名的贊助人與被贊助者之間的通信總和有一千

結婚。這個婚姻從蜜月時期就完全破裂，柴可夫斯基的同性傾向加上米柳科娃的精神疾病使得情形不可收拾。然而他們從未正式離婚，即使米柳科娃 1881 年開始便與其他對象生下孩子，柴可夫斯基仍繼續付贍養費。柴可夫斯基過世之後，米柳科娃又活了二十四年，但其中有二十年歲月在精神病院度過。

23 梅克夫人（Nadezhda von Meck，1831~1894）是俄國鐵路大亨梅克（Karl von Meck，1821~1876）的遺孀。

封信以上，留下無數珍貴的藝術史料。

這段時間（1877~1887）柴可夫斯基的創作除了爲先前已完成的歌劇《尤金・奧尼金》收尾之外，完成的作品當中較傑出的都是小型的作品，如《義大利隨想曲》、《1812序曲》與《曼弗列德交響曲》等等，此三首作品筆者都演奏過，其中以《曼弗列德交響曲》最特殊，它是一首標題式的多樂章交響曲，其內涵或許更近於交響詩，並未與其他六首交響曲並列，但其規模卻足以成爲一首正規的交響曲。

離開莫斯科音樂院之後，柴可夫斯基感受最輕鬆快樂的時期，應該就是1887年到1890年之間這三年。1887年柴可夫斯基在莫斯科首次登台指揮指揮自己的作品，觀眾反應出奇的熱烈，受到鼓舞的作曲家在同年年底在聖彼得堡再度登台指揮，同樣成功的演出再度使柴可夫斯基信心大增，隨即於次年以指揮身分巡迴歐洲，他與布拉姆斯的首次歷史性會面就發生在此次旅程之中[24]。返回俄國之後，情緒依然高漲的柴可夫斯基隨即完成了他情感上最正面也最有勝利意味的《第五號交響曲》，這首交響曲在精神層面上十分輕鬆寫意，沒有任何沉重的感受，第三樂章是一首快樂得要飛揚起來的

---

24 柴可夫斯基與布拉姆斯的會面有兩次。第一次是1888年二月一日在萊比錫，第二次是1889年三月十二日在漢堡。

圓舞曲（而且是維也納式的圓舞曲），終曲則是一首勝利的大進行曲，作曲家快樂的心情一覽無遺。緊接著完成的是芭蕾音樂《睡美人》、歌劇《黑桃皇后》與弦樂六重奏《佛羅倫斯的回憶》，都是傑出的傳世之作。1889 年柴可夫斯基進行第二次歐巡之旅，成果同樣豐碩。

　　這一段在柴可夫斯基生涯當中相對而言較為快樂寫意的日子結束於 1890 年秋天，梅克夫人寫信表示將中斷年金贊助，並且斷絕已長達十三年的通信，這個事件對柴可夫斯基造成的傷害之大難以估計，甚至可能與他三年後的猝逝有直接因果關係。由於柴可夫斯基在十四歲面對失去母親的痛苦之後，一生對女性的角色始終是適應不良，無法建立親密關係；女性帶給他的感受總是一連串的離別與災難，失敗的婚姻更是一大陰影；而梅克夫人與柴可夫斯基之間十三年多的贊助與通信往返，所建立的信任早已超越藝術家與贊助人之間的友誼，柴可夫斯基簡直是把梅克夫人當成他命中注定的伴侶一樣的傾吐心事，並且不斷將作品題獻給梅克夫人。因此梅克夫人的斷然離去對他而言真是無法承受之重[25]。

　　梅克夫人停止贊助柴可夫斯基的原因，長久以來都是一

---

25 《古典音樂 CD 百科（26）—— 柴可夫斯基 —— 浪漫樂派的名曲》，香港 迪茂國際出版公司，1997．p．305–307

個謎，即使是柴可夫斯基本人都至死無法明白其中原委。根據最新的研究發現，梅克夫人的舉動或許真有她不得已的苦衷，在停止贊助柴可夫斯基之前梅克家族確實發生了家族糾紛與財務危機，而梅克夫人本身也身染重病，難以提筆寫信，在柴可夫斯基猝逝之後三個月，梅克夫人也與世長辭了。

在 1990 年秋天之後，懷著陰暗的心情，柴可夫斯基回到現實繼續譜寫委託創作，其實此時他早已經是舉世知名的俄羅斯作曲家，經濟方面不虞匱乏，但是心理危機正在迫近之中，奇怪的是，在此低潮之中，柴可夫斯基完成了最有童趣也最甜美的芭蕾音樂《胡桃鉗》（1892 年底）。

或許是想重溫 1887 年旅行演出的快樂時光，從 1891 年到 1893 年二月之間，柴可夫斯基前往美國一次（唯一一次）以及西歐國家兩次巡迴，這些旅行演出都很成功，但是柴可夫斯基在 1893 年二月返回俄羅斯之後，卻開始著手寫作無比灰暗的第六首交響曲《悲愴交響曲》，顯然，即使出外旅行也再挽回不了舊日的歡樂。此曲進度極快，因為他在同一年夏天還遠赴英國指揮演出並接受劍橋大學頒贈的榮譽博士學位，從倫敦返回聖彼得堡之後，柴可夫斯基隨即完成此曲，並於 1893 年十月底在聖彼得堡首演；《悲愴》首演之後九日，

作曲家猝逝於聖彼得堡家中[26]。

在二十世紀晚期，大多數的史學家都已不再相信柴可夫斯基乃因飲用生水以致感染霍亂而死的官方說法，因為許多間接證據都指向他是以自殺方式結束生命的，其中最有力的說法指出，在柴可夫斯基的告別式上，眾多音樂界友人都親吻了死者的額頭作最後的告別，這完全不符合當時俄羅斯社會對罹患高傳染性疾病死亡者的隔離方式；然而，更強有力的證據其實就是《悲愴交響曲》的音樂本身；曲終漸弱消失的下行樂音，隨著逐漸停止的心跳（低音弦樂撥奏），那是西方音樂史上第一個以漸慢與漸弱方式呈現的交響曲終曲樂章。也是柴可夫斯基最寫實的音樂作品，主題是「死亡」。

通常，在探討作曲家的作品時，也必須多了解一些作曲家的生平，個性與人生經歷等等的問題，如此一來可能對樂曲的動機與藝術風格有更深入的理解。這個道理也完全適用於柴可夫斯基的作品。柴可夫斯基的作品是寫實主義作品，但是並不是描寫畫面或現實生活情節的那一種寫實；而是精確描寫內心情感的藝術化寫實音樂。

由於台灣的愛樂者特別喜歡柴可夫斯基的音樂，筆者在

---

26 參閱 Antony Hopkins，《Great Composers》，London Tiger Books International，by arrangement with CLB Publishing，1989．p．251

演奏生涯裡時常接觸他的作品,他寫了很多小號演奏藝術的經典片段,例如《天鵝湖》中的《拿坡里舞曲》精彩的小號獨奏,《胡桃鉗》中的《巧克力》等等。柴可夫斯基的配器精簡、合理、有效且完美表達音樂情感,從不廢話,也從不浪費多餘的音符。他全盤了解每一種樂器的優缺點,總能隱惡揚善,讓每一種樂器發揮最美的一面,由於柴可夫斯基偉大的天才,十九世紀的小號演奏風格在俄羅斯得到極大的進展,他的音樂啟發了新一代作曲家(不只是俄羅斯)以音樂描繪真實深刻情感的可能性,催生了(也可以說是創造了)二十世紀初小號自我表現主義的作品。

雖然柴可夫斯基從未被歸類為「五人團」所主張的國族主義樂派,然而他的音樂完全融會貫通了民族元素與西歐音樂技法的再融合,雖然在音樂格式上他是較偏向西歐學院派,但是其藝術果實已足以成功代表俄羅斯音樂的根苗了。

筆者認為,如果德奧樂派賦予小號純正的規格與態度,法國學院派賦予小號靈活的技巧和品味,那麼,俄羅斯樂派或許給了小號一顆真誠卻狂野的心。如果缺了上述當中任何一種元素,十九世紀小號演奏發展的視野就不可能完整了。

第六章　十九世紀國族主義音樂

　　國族主義（Nationalism）音樂似乎就像是十九世紀音樂發展的宿命一般的無可避免，在當時那樣猛烈的民族自決的歷史洪流當中，音樂藝術經常會被要求爲政治服務，但是也同時有更多的音樂家基於自己的愛國思想來創作能夠激發民族情感的作品。

　　不可否認的，西洋音樂史的主軸與基督教世界的宗教音樂淵源極深，但是如此單一的題材當然遠遠不足以供應國族主義音樂的創作需要，發揚國族主義理念的作品自然而然的就會從自己民族的土壤之中尋找創作的素材。民歌、民族舞蹈、傳統民族樂器演奏曲與傳統信仰等等本土的素材，它們在十九世紀得到與西歐古典曲式融合的機會，成爲一首又一首傑出的交響曲，一齣又一齣傑出的歌劇，照亮了自己的文化，也豐富了全人類的文明深度。

　　本章探討的重心就是十九世紀歐洲地區風起雲湧的國族

主義音樂發展的情況，以及它們爲演奏風格帶來的影響。小號演奏的演變軌跡也是順著這條道路走進新世紀多變與多元的音樂世界的。

第一節　新音樂大師李斯特

十九世紀的音樂風格發展如果沒有提到李斯特（Franz Liszt，1811~1886）其人其事，是不可能得到完整的答案的。李斯特是西方音樂史上出類拔萃的鋼琴演奏家與作曲家，是名震十九世紀樂壇的明星；但是，他最重要的貢獻，首推他對新音樂風格（不分地域國籍與種類）的全心鼓勵與培植，李斯特善盡一己之力引領風潮，豐富了整個十九世紀的音樂產業，從這個角度來看，李斯特的形象是一位十分真實的音樂巨人。

李斯特不尋常的成長背景。使他成爲歐洲超越國界的音樂名人。身爲匈牙利後裔且誕生於奧匈帝國，李斯特的父親服務於帝國中最支持音樂的艾斯特哈吉宮廷（海頓曾在此工作了二十九年），1821 年李斯特以音樂神童的姿態得到宮廷年金贊助之後[1]，前往維也納學習，幸運的投身徹爾尼（Carl

---

1 李斯特的父親亞當・李斯特（Adam Gyorgy Liszt）是匈牙利艾斯特哈吉（Esterhazy）公爵府邸的管事，本身也擅長幾樣樂器。亞當看出自己的兒子擁有不凡天份，便刻意安排演出，也順利得到金錢贊助。

Czerny，1791~1857）門下。徹爾尼為李斯特打下堅實的演奏基礎，還帶著李斯特拜訪自己的老師貝多芬，據聞李斯特的天分確曾引起貝多芬的注意與肯定，有關他們見面的情形版本很多，但至少可以確定在李斯特停留在維也納期間（1821~1823）他們一定見過面[2]。

1823 年，十二歲的神童李斯特告別維也納前往巴黎，展開他的職業演奏生涯。其實任何人都判斷得出來，少年李斯特的天分遭到了利用與買賣，一個十二歲心智尚未成熟的孩子被迫中斷教育賺錢養家，這絕對是一種商業操弄的現實。

這種旅行演奏的營生一口氣持續了五年，十七歲的青少年李斯特突然必須面對著父親的猝逝，初戀的破碎與神童轉型等等嚴峻問題，他第一次有了厭世出家的強烈想法，這雖然不是唯一一次李斯特對人生提出質疑，卻是他深深被打擊的第一次，深沉的憂鬱和沮喪使李斯特完全封閉自我，與寡母窩在巴黎的小房子裡足不出戶。幸好李斯特經過一段時間休養之後又重新振作起來，否則西洋音樂史恐怕得要局部改寫了！

---

2 所謂「貝多芬之吻」發生於 1823 年四月十三日，十二歲的李斯特一場音樂會，貝多芬在現場並大受感動。然而上述故事未必真實，根據李斯特的學生霍洛維茲・巴奈（Ilka Horovitz Barnay，1848~1932）所記載的情形，是由徹爾尼向貝多芬引見十一歲的李斯特，地點在貝多芬的公寓，貝多芬認可並祝福了音樂神童李斯特。

　　十八歲的李斯特重回巴黎藝文圈子，展開他一生之中最豐富的學習之旅，那養分不是來自學校的教育，而是年輕的李斯特向當時所有身邊的傑出藝術家、文學家與思想家潛移默化式的學習。十九世紀初的巴黎藝術界何等高深，來自各方的豪傑敬重李斯特的鋼琴天才，而李斯特則向他們學習各種思想上的議題。這種學習方式遠遠勝過任何藝術研究所的課程。

　　李斯特的鋼琴技藝本來只是天才兒童的水準，真正蛻變成鋼琴大師的層次也是發生在此一時期的重大轉機，在聆聽過義大利小提琴演奏家帕格尼尼（Niccolo Paganini，1782~1840）現場演奏之後，李斯特才真正了解神童與大師的差距，他加倍在琴藝上發奮努力，因此在音樂技藝上又邁進一大步。此時李斯特很自然地開始動手寫下不少鋼琴作品，逐漸顯示他創作方面的天分。

　　這一段吸收藝術養分的時期中斷於 1835 年；李斯特偕同瑪俐·德奧格女士（Marie d' Agoult，1805~1876，有夫之婦，比李斯特年長六歲，後來為李斯特生了僅有的三個孩子）私奔，度過數年閒雲野鶴的日子，1839 年李斯特與德奧格女士發生爭執，他重出江湖，巡迴演奏的足跡遍及歐洲大陸，接下來十年之間，李斯特成為富可敵國，位比公卿的知名藝術家。

　　李斯特如何介入國族主義浪潮，以及如何被推上了匈牙利民族之光的歷史地位，都是來自歷史偶然的機運。原來十九世紀中葉正是匈牙利本土勢力試圖推翻哈布斯堡王朝統治，尋求獨立的關鍵時刻（此一獨立運動後以失敗告終，匈牙利獨立直到第一次世界大戰後才成真），而李斯特的國際名聲因勢利導的成為匈牙利人民心目中民族意識的寄託。

　　雖然李斯特與血緣上的祖國淵源不深，也儘管李斯特對匈牙利的民俗音樂與本土文學幾乎一無所知，然而他熱情的回應了匈牙利人民的期待，譜寫了《匈牙利狂想曲》系列作品，李斯特這一系列作品的取材來源並不是本土的匈牙利民族素材，而主要是來自流浪民族吉普賽人的音樂原型。作品大受歡迎，匈牙利人民熱情的歡迎享譽國際的匈牙利藝術英雄李斯特。李斯特雖非有意促成，卻意外的推動了國族主義音樂的運動。

　　許多有識之士批評李斯特的作品並非正統的匈牙利音樂，而是沽名釣譽的工具，然而試問，這些作品是否提升了匈牙利的民族自信？是否推動了匈牙利音樂家追尋文化根源的熱情？又是否最起碼的提升了匈牙利相關音樂風格的能見度？如果上述答案是正面的，那麼李斯特的努力還是值得肯定。更重要的是，李斯特對國族主義所抱持的積極正面態度，

使得他微妙的成爲十九世紀國族主義音樂的發展的重要推動者，多位傑出的國族主義作曲家爭相前來拜訪就是明証，這絕不只是因爲他的響亮名聲而已，而是他的藝術觀點總能一語中的，令人受用無窮。

　　1848 年，李斯特在接掌德國威瑪宮廷樂長一職六年之後決定定居威瑪，這一住就是十二年。與他同居的伴侶是俄國貴族卡洛琳公主（Carolyne von Sayn–Wittgenstein，1819~1887，已婚身份，親王王妃，比李斯特小八歲），這十二年是李斯特生涯之中最安定也最有音樂推廣熱情的時期，最偉大的成就是持續推出古典時期作品的同時，也首演當代新音樂作品，他介紹莫札特與貝多芬的音樂，也邀請白遼士指揮演出，對於華格納的支持與推崇更是知名；雖然他曾因么女柯西瑪（Cosima Liszt，1837~1930）改嫁華格納而與新女婿有數年不快，但是對華格納音樂理念的推崇始終如一。而鼓勵後進更是他最讓人津津樂道的事跡，來自各國的年輕音樂家都以會見李斯特爲榮，尤其是欣賞大師以無與倫比的鋼琴技藝視奏（或改編）自己的作品更是最難忘的藝術經驗[3]。

3　《古典音樂 CD 百科（94）—— 李斯特 —— 浪漫主義的極致》，香港 迪茂國際出版公司，2000．p．1121–1123

　　李斯特在此時期的創作也很可觀，幾乎囊括他全部的交響詩作品，還有傑出的《浮士德交響曲》、《但丁交響曲》與《降 E 大調鋼琴協奏曲》等等。在李斯特心目中，威瑪是有可能建設為歐洲的文藝復興之地，但當地越來越激烈的批評聲浪潮他而來，不僅針對「新音樂」，也針對私領域（與卡洛琳公主始終不能合法結婚），令李斯特產生倦勤之意，1860 年，李斯特離開威瑪（先前已經辭職）前往羅馬教廷，尋求最後一次與卡洛琳公主合法結合的契機，仍然以失敗收場，此後卡洛琳公主住進修道院，而李斯特則是過著低調的生活，研究古樂，雲遊四方。1865 年李斯特領受神職，穿上教士袍，這個行動背後的哲學層面大於神學層面，代表了李斯特戲劇化內心的另一個極端需要被平靜安撫。

　　1869 年李斯特再度接受威瑪宮廷的邀請返回威瑪任職，然而此時他既要忙於返回羅馬盡責神職，又剛剛接任匈牙利新成立的皇家音樂院院長職務（1870）因此李斯特的晚年生活便主要來往穿梭於上述三地，兼顧教學、演出與創作三種工作[4]。

　　1886 年夏天李斯特前往拜魯特觀賞華格納最後一部歌

---

4 從 1871 年開始一直到 1886 年離開人世為止，李斯特都過著三邊生活（Threefold Life），兼顧羅馬、威瑪與布達佩斯三地的工作與責任，估計每年旅行四千英里，考量他的年齡與交通路況，這是驚人的數字。

劇《帕西法爾》時，在旅途中感染風寒，病逝於拜魯特，女兒柯西瑪 1883 年送走丈夫，三年後又爲父親舉行葬禮，兩位音樂歷史人物都是她生命中的摯愛，然而她堅強地繼續執掌拜魯特音樂節的事務（柯西瑪於 1930 年去世，享壽九十三歲），難怪柯西瑪名列音樂史上最強悍的女性之一[5]。

　　雖然李斯特在現代小號的演奏語法上沒有顯著的革新，然而筆者的著眼點卻更強調李斯特在音樂內涵上的進步思想。藉由他所開發的許多實驗性道路與音樂路線，十九世紀浪漫派音樂在他有生之年到達最高峰，即使這不是李斯特一個人的智慧能做到的，但是這一段歷史卻是李斯特親眼見證的過程。更何況李斯特無疑地也是二十世紀音樂的啓蒙者之一。

　　李斯特的作品不僅比起同時期的作曲大師如孟德爾頌、舒曼、蕭邦（Frederic Francois Chopin，1810~1849）思想前衛得多，甚至於也比華格納的音樂語法（不包括歌劇）來得要前衛得多；不僅在格式（交響詩、鋼琴作品）方面有新的建樹，在理論（不協和音，雙調性、複節奏）方面也挑戰了傳統，他是最有資格宣揚自己的國際觀點的音樂家，同時無疑也是匈牙利藝術界的民族英雄，他的世俗性與宗教需求都

5　《古典音樂 CD 百科（37）── 華格納 ── 宏偉的歌劇傑作》，香港 迪茂國際出版公司，1998．p．438–439

很極端，但是，李斯特對音樂的熱情是最真誠的，而那種熱情本來就是十九世紀的浪漫派思維，雖然永遠質疑，但也永遠相信真理就在前方不遠處。

第二節 波西米亞作曲家

布拉格這個美麗的古城是所有遊覽歐洲的遊客必訪的古蹟，在這個捷克最重要的政治，宗教、建築與藝術的中心，可以輕易發現捷克人民高明的巧思與藝術天份。十九世紀時，捷克仍臣屬於奧匈帝國，由西邊的波西米亞與東邊的摩拉維亞這兩塊區域組成，布拉格就位於波西米亞境內[6]。

十九世紀國族主義是捷克音樂發展的重頭戲，雖然在篇幅與分量上捷克音樂談不上是十九世紀的主流，但是蘊藏其中的藝術光彩還是十分燦爛，即使不曾成為音樂潮流領頭羊的要角，也足以擠身於十九世紀歐洲音樂發展當中美好的一頁。

本節將探討的捷克作曲家都在布拉格學習、工作與成長，因此往往也為他們冠上「波西米亞作曲家」的稱呼。首先第一位出場的是史麥坦那（Bedrich Smetana，1824~1884），

---

6 布拉格（Prague）是捷克共和國的首都，位於波西米亞中心，屬於莫爾島河（Moldau River）流域。十四世紀十布拉格曾是神聖羅馬帝國首都，並設置中歐最古老的大學「查理大學」，帝都風範至今猶存。

若是與晚輩同胞作曲家德佛乍克（Antonin Dvorak，1841~1904）相比，史麥坦那的國際知名度遠遠不如較年輕的德佛乍克；而金錢方面也與知名度成正比，史麥坦那始終經濟拮据，而德佛乍克則是在三十六歲之後名利雙收，從此經濟不虞匱乏[7]。

家庭方面，德佛乍克與妻子兒女的親密和樂是出了名的，反觀史麥坦那則是中年喪妻，再婚之後也飽嚐夫妻關係冷淡之苦[8]。史麥坦那晚年健康不佳，飽受失聰與精神崩潰的折磨[9]；而德佛乍克身體健壯，除了過世之前數月不適以外從無病痛。

從以上數端，大致可以看出史麥坦那的一生並不順遂，他所遭逢的困厄絕不在少數，但是他回報祖國以無價的音樂文化遺產，並且留給這個曾經對他不甚公平的世界最美好的音樂，其中大多數是呈現捷克民族國土山河之美的音樂。史麥坦那被捷克人民共同認爲是十九世紀捷克國族樂派的創始者，以及真誠熱愛捷克的愛國音樂家。

---

7 史麥坦那 1884 年悲劇性的過世之後，布拉格市民群起推崇他，但是他晚年的經濟狀況其實頗爲拮据，因爲劇院給付的退休金十分微薄，捷克政府未提供年金，作品版稅也不固定。他辛勤工作直到 1884 精神失常。

8 史麥坦那 1849 年與卡拉洛娃（Katerina Kolarova，1827~1859）結婚，婚姻幸福，但四個女兒夭折了三個，卡拉洛娃也於 1859 年病逝。史麥坦那 1860 年娶第二任夫人 Bettina Ferdinandova，但婚姻不諧。

9 史麥坦那過世之前十年已深受腦部疾病之苦，1874 年喪失聽力，此後幻聽幻覺始終如影隨形，最終導致他 1884 年精神失常而死。

在史麥坦那之前的捷克音樂發展一如國家長久以來的政治現實一般的不獨立。捷克位處中歐核心地帶，雖有自己的民族（捷克族）和語言，但是官方的語言仍是德語，這種情形就像芬蘭人使用瑞典語一樣，都是國家主權不完整的証明。雖然布拉格音樂院的成立極早（1808），幾乎是歐洲最古老的音樂院之一，但是捷克的音樂教育主要是受德奧傳統影響，並且人才外流的情形十分普遍，更重要的是，捷克所有的歌劇院都是以德國、法國與義大利歌劇為主，沒有人覺得有任何不妥之處。

然而十九世紀歐洲開始興起的民族自決運動改變了許多事，當捷克人民發現政治上的獨立與語言文化上的獨立同等重要之時，史麥坦那在十九世紀中葉所達成的音樂成就適時地點亮了捷克民族的自主意識。這種情形有些類似李斯特在匈牙利人民召喚下所完成的音樂成就；以民族音樂特質的音樂團結同胞。值得注意的是，在史麥坦那完成他最知名的捷克語歌劇《被出賣的新娘》（1866 年首演）之前十年他曾拜訪住在威瑪的新音樂大師李斯特，那必定是收穫豐富的請益之旅[10]。誠如前文所述，史麥坦那獲得大師由衷的讚美與鼓

---

10 史麥坦那與李斯特一直有深厚堅固的友誼，1847 年李斯特對年輕的史麥坦那伸出友誼之手，奠定了彼此一生的交情。

勵，或許使得他略顯孤寂的創作之路走來更有信心一些。

　　喜歌劇《被出賣的新娘》可以說是一齣兼具復古與創新的傑作，充滿可喜的捷克元素與作曲者的機智，史麥坦那經過數年謹慎細密的思索，才得到以音樂藝術喚起捷克民族魂的結論，而歌劇則是最佳途徑，將音樂、戲劇以及語言融合為民族特色的藝術，是最強而有力的工具。布拉格市民可能還有人記得莫札特的歌劇《唐‧喬凡尼》首演的盛況，但是此刻捷克需要一部能讓同胞引以為傲的歌劇，一部可以宣示捷克藝術自主性的歌劇，數百年的外來藝術薰陶使得捷克人擁有很高的藝術水準，因此，新歌劇必須是頂尖的，可以在國際樂壇立足的作品才行！史麥坦那《被出賣的新娘》完美的達成了上述要求。筆者演奏過《被出賣的新娘》序曲與部份選曲，可惜從未演出過全劇。這首序曲迄今仍是音樂會最常見的曲目，非常有維也納式古典風格，但是主題則是純粹的民樂，配器技巧純熟艱深非常經典。

　　在此劇的成功之後，史麥坦那忙於推出更新的歌劇作品，以充實他心目中的捷克國族音樂劇目，其中不乏佳構，然而知名度無一能與《被出賣的新娘》相比。

　　史麥坦那另一首揚名國際的管弦樂曲是《莫爾島河》（1875）。這條流過布拉格的名河，在史麥坦那的描繪性音

樂手法下活靈活現的呈現在聽眾的眼前，彷彿可以聽見淙淙的水流，看見壯闊的河面流過土地。《莫爾島河》的成功掃除了一切的疑慮，捷克第一位堪稱為國際級大師的偉大作曲家第一次出現在捷克歷史上，下一位緊接其後的捷克音樂大師德佛乍克此時初試啼聲，尚未成名。在《莫爾島河》成功首演之時，沒有多少人知道大師已經喪失聽力，這悲劇性的腦部疾病使得史麥坦那在此後十年之中在死寂之中繼續作曲，並且疾病最後終究悲劇性的奪去了他的神智。

　　史麥坦那的音樂語法以十九世紀的眼光看來是保守一些，雖然他的管弦樂譜曲理念接近李斯特，歌劇方面的作品卻與他崇拜的華格納理念大不相同，始終有著溫柔、質樸而抒情的品質，每每演出他的音樂時都使筆者彷彿又一次拜訪波西米亞平原充滿歷史感與田園風光的一切景物。史麥坦那的音樂在十九世紀時並未席捲歐陸，主因是他的音樂語法與內涵非常貼近捷克本土民族素材，而非以熱鬧或煽情的手法博取掌聲的，這條藝術的路對史麥坦那是寂寞了些，幸好歷史學家與樂評家都因歲月的累積而對他的音樂有了更深的認識與評價，史麥坦那對捷克音樂自信心的貢獻是深邃與名實相符的[11]。

---

11 《古典音樂 CD 百科（27）—— 史麥坦那 —— 波西米亞的民族精神》，香港迪茂國際出版公司，1997．p．317–319

　　當史麥坦那逐漸以他的歌劇揚名並且在布拉格歌劇院擔任指揮的年頭，德佛乍克只是劇院樂隊中一名機靈的中提琴手，誰也沒料到他日後會有如此崇高的國際聲譽，德佛乍克確實是捷克最知名的作曲家，國族樂派重量級的旗手，其名利雙收的盛況讓史麥坦那遠遠不如。

　　德佛乍克出身清寒，所受的音樂訓練十分有限，但是他有過目不忘，舉一反三的能力，歸納整理出靈活實用的作曲技巧，加上他孜孜不倦的毅力與極佳的機運，使他走出一條不平凡的成功之路。

　　在劇院樂團工作數年之後，德佛乍克開始嘗試譜寫一些室內樂作品，緊接著又試圖掌握較龐大的曲式，在 1865 年完成了兩首交響曲，然而這些作品都未引起注意。在前輩史麥坦那的歌劇《被出賣的新娘》大獲成功之後，德佛乍克也產生了對歌劇的興趣，但是幾乎每一次的嘗試都是慘敗收場，事實上，德佛乍克在音樂史上最引人注意的創作是交響曲、協奏曲與室內樂作品，歌劇真的不是他的強項[12]。

　　德佛乍克作曲生涯最重要的轉機有兩個時間點，其一是 1874 年第三號交響曲首演成功，並一舉獲得奧匈帝國獎助

---

12 從 1862 年到 1871 年，德佛乍克擔任布拉格歌劇院的中提琴手，他深知歌劇的影響力，也一直企圖推出自己的歌劇，但眾多創作之中，僅 1901 年首演的《盧莎卡》堪稱成功，其他作品均未獲好評。

金，名聲遠播至帝都維也納，德佛乍克信心大增，決心辭掉
樂團演奏工作專心作曲。

　　其二則是 1877 年布拉姆斯與德佛乍克的會面，當時布拉
姆斯已發表構思良久的第一號交響曲，大受好評，且正在發
表第二號交響曲，他對德佛乍克嚴守古典曲式的交響曲作品
讚不絕口，兩人結為莫逆之交。這層關係使德佛乍克輕易地
打進了德國主流的出版王國[13]，打通了出版界通路後，德佛
乍克完成了第一部使他揚名國際的作品《斯拉夫舞曲》系列，
這部光彩四射的管弦樂作品採用了捷克、南斯拉夫民族舞曲
素材，配器手法與布拉姆斯的《匈牙利舞曲》（1874）頗多
相似，相信也得到了不少布拉姆斯的指點，自此之後，德佛
乍克的作曲格局與自信心已是今非昔比，除了在歌劇的領域
始終沒有突破之外，他的交響樂作品與室內樂作品都受到普
遍的歡迎。

　　德佛乍克的九首交響曲之中，經常上演的是第七、第八
與第九號，尤其是德佛乍克在美國紐約寫的《第九號交響曲－
「新世界」》（1893）最為知名，全曲洋溢著充沛的活力，
以及無庸置疑的美國風情，在美國教學期間另一首傑作《F

---

13 德佛乍克作曲事業的最大轉機，就是獲得布拉姆斯的賞識。布拉姆斯將
　他推薦給德國著名的出版商 Fritz Simrock（1837~1901），開啟了德佛乍
　克的知名度。

大調絃樂四重奏 ──「美國」》也是室內樂的珍寶，其音樂素材有美洲原住民的元素，以及美國西部的火車駛過平原的節奏感（德佛乍克極愛火車），這些作品是美國音樂發展史上非常重要的資產。德佛乍克以驚人的天才將美洲的部分人文元素成功的融入德奧音樂傳統之中（這是布拉姆斯最讚許他的藝術面向），這個例子在十九世紀可以說是最遠距（跨洲）的文化融合，也是最成功的國族主義移植，儘管美國對國族主義的想法並沒有明顯的社會壓力，但是能夠有歐洲一流音樂大師以嚴謹的古典曲式爲美國加分，仍然使得美國藝文界大感振奮。

德佛乍克《第八號交響曲》的受歡迎程度不亞於任何其他作品，這是一首高貴且充滿捷克風味的傑作，全曲極爲精簡緊湊，不落俗套。

筆者曾演奏過的德佛乍克音樂作品非常多，在協奏曲方面以《b 小調大提琴協奏曲》最受歡迎，《a 小調小提琴協奏曲》上演次數很少，但仍偶爾可聞；至於《g 小調鋼琴協奏曲》則極少聽聞上演。基本上，德佛乍克雖然談不上是維也納樂派的守護者，但是他確實可以說是布拉姆斯陣營的代表性作曲家，有趣的是。他的捷克同胞前輩作曲家史麥坦那是李斯特好友兼華格納風格的仰慕者，但是德佛乍克本人則是

布拉姆斯的知交，然而捷克音樂的國際能見度提升之功乃歸於史麥坦那與德佛乍克所共有，這一點說明國族主義音樂似乎在任何風格之上都有發展之可能性。

　　德佛乍克的作曲風格基本上是傳統而保守的（這一點與史麥坦那近似），使其音樂真正發光發熱的元素是他的天才，尤其是調和節奏動力與旋律吟唱的優異能力，使他成為捷克音樂史上最有國際知名度的作曲家，而且還意外的開啟了新大陸（美國）移民社會新的文化視野，其成就可謂影響深遠[14]。

第三節　北歐的民族之聲

　　十九世紀歐洲地區民族自覺運動所涵蓋的區域非常廣闊，本節探討的是北歐地區音樂家的藝術影響力。北歐地處邊陲，無論在政治或是文化上都深受西歐影響；十九世紀歐洲政治版塊的移動非常劇烈，社會與經濟動盪不安，北歐作曲家的成長背景就是在這十分關鍵的時期。事實上，十九世紀國族主義音樂的發展本來就是在政治與文化自覺運動的壓力之中誕生的。

---

14 參閱 Antony Hopkins，《Great Composers》，London Tiger Books International PLC，1993．P．267。

　　舉例來說，李斯特返回匈牙利時受到的英雄式歡迎或許頗出作曲家的意料之外，然而隨後的政治情勢發展使得即使是最天真的藝術工作者也會感受到民族的召喚，每一個人都必須做一點事以成就同胞的願望。

　　李斯特以他的音樂與擔任布達佩斯音樂院（現爲李斯特音樂院）院長來奉獻能力。「五人團」致力於俄羅斯民族（或其他少數民族）根源與西歐音樂的結合。史麥坦那以歌劇歌頌捷克，德佛乍克將捷克音樂元素帶上國際舞台等等。這一波強大的國族音樂風潮其實早已存在，只是基於諸多因素未能釋放出來，一旦在十九世紀釋放能量則蔚爲風潮則永不停歇，成爲人類多元社會的文化養分。時至今日，嚴肅音樂採用本土藝術觀點進行與在地化結合的發展早已成爲一種常態了[15]。

　　北歐所指的文化地理區域由北往南分別是冰島、瑞典、挪威、芬蘭與丹麥等國家，這些國家在政治上受到德國與俄羅斯很大的影響，在文化上則一向比較受到西歐的影響。十九世紀是挪威與芬蘭追求獨立的轉捩點，因爲瑞典與丹麥在此之前是區域強權，對於較弱小的挪威與芬蘭有政治上的主

---

15 在民族主義政治運動浪潮席捲全球之後，人類的反思包括主流文化的價值，全球化的必要性等等，也有能力冷靜與公正的看待本土文化和所有外來文化的成因。一切藝術形式當中蘊含的民族元素已成常態。

導權，十九世紀就是轉變的時期。

葛利格（Edvard Hugerup Grieg，1843~1707）的音樂不僅是挪威國寶，其實也是人類的共同寶藏。葛利格是出生於挪威的英國後裔，如果沒有他的創作，將是挪威音樂藝術無法想像的損失。

葛利格自幼就被認定是音樂神童，八歲就自發性的嘗試作曲，但是他的父母並未嚴肅看待此事，葛利格生命之中第一個轉折就是在他十五歲時，他的父母終於決定送他到德國萊比錫音樂院學習，第二個轉折就是在音樂院畢業之後，認識了對國族主義很有熱情的挪威音樂家諾德拉克（Rikard Nordraak，1842~1866）[16]，葛利格與這位愛國音樂家共同探討挪威音樂發展的方向，這個國族主義路線深刻的影響了葛利格日後的發展，諾德拉克的命運很令人惋惜，幾年之後壯志未酬，英年早逝。

葛利格作曲生涯第三個轉捩點是李斯特的影響力。許多傳記都記載了 1870 年李斯特與葛利格的會面情形，李斯特視奏了葛利格最著名的《a 小調鋼琴協奏曲》之後對作品大加

---

16 諾德拉克（Rikard Nordraak，1842~1866）於 1864 年在丹麥哥本哈根與葛利格相識，他鼓勵葛利格獻身於挪威音樂創作。諾德拉克最知名的作品是《是的，我愛祖國》（《Ja，vi eisker dette landet》），後成為挪威國歌。

讚揚。其實早在兩年之前李斯特就十分肯定葛利格的作品，並且運用影響力幫助葛利格得到一筆挪威政府的獎助金，至此葛利格已立定志向,義無反顧的全心爲挪威音樂而努力了。

　　1874 年葛利格完成挪威寫實主義劇作家易卜生（Henrik Johan Ibsen，1828~1906）[17]劇作《皮爾金》的配樂《皮爾金組曲》，大受好評，挪威政府進一步提供葛利格終身年俸，肯定他的藝術成就，此後葛利格以餘生之力推廣挪威音樂的能見度。他的作品廣受歐陸歡迎，不僅德國與法國視他爲第一流的作曲家，英國劍橋與牛津大學亦頒授榮譽博士學位給這位備受敬愛的挪威作曲家。

　　葛利格的音樂風格輕盈簡潔，絕不重複冗長。他對美麗旋律的靈感極爲敏銳，見之於《霍爾堡組曲》、《a 小調鋼琴協奏曲》與《皮爾金組曲》等等無不是令人心曠神怡，回味無窮的傑作。有如此美好的音樂問世，世人必定都願相信挪威是最美麗的國家，這就是葛利格的藝術魅力了。

　　十九世紀丹麥的音樂發展史當中，要先介紹一位率先創辦哥本哈根音樂院的重要人物，加德（Niels Gade，

---

17 易卜生是十九世紀挪威最重要的劇本作家，從二十歲開始，他的創作生涯橫跨了半個世紀。易卜生被認爲是現代寫實主義戲劇的創始者，其作品著重表層以下的真相探討，不喜歌功頌德，因此在相對保守的當時備受爭議。

1817~1890），這一位傑出的十九世紀丹麥音樂家也是丹麥國族主義音樂的提倡者，加德畢業於萊比錫音樂院，其風格深受德奧傳統德影響，雖然他的作品已不再名列十九世紀主要代表作品，也很少再有被今日的聽眾欣賞的機會，但是加德推廣北歐音樂之功不可沒，葛利格亦曾慕名而至哥本哈根向加德請益，丹麥十九世紀最重要的作曲家尼爾森（Carl August Nielsen，1865~1931）就是加德的學生之一。

二十世紀初尼爾森已被認為是丹麥最重要的作曲家，以他的作品範圍與深度而言實至名歸，然而在尼爾森過世之後，除了丹麥人民之外，認識他的作品的人並不多，這種現象對於尼爾森的成就而言是有些奇怪，幸好在二十世紀末期，經由許多北歐音樂家的再次推廣與介紹，尼爾森的作品（尤其是六首交響曲）又再次得到國際愛樂者的注意。

尼爾森的作品種類十分寬廣，歌劇、交響曲、協奏曲與戲劇配樂等等都有相當多代表性的作品，由於尼爾森本身對樂器多才多藝，熟悉多種管弦樂器（第一專長是小提琴），因此他的配器手法比其他的作曲家多了一分得心應手的華麗感。然而，尼爾森的音樂並沒有國族主義的明顯傾向，他的音樂風格除了德奧晚期浪漫派音樂的基礎色彩之外，確實還融合了來自東方（俄羅斯）與北方（瑞典、芬蘭）的音樂元

素，這一點使他的音樂織度厚重了許多，也有些許少數民族色彩，但是卻並不全然是來自挪威本土的[18]。

許多音樂學家樂於將挪威的尼爾森與芬蘭的西貝流士（Jean Sibelius，1865~1957）相提並論，實則上述兩位作曲家除了同一年出生這一點完全相同之外，其他方面的相似之處並不多。

西貝流士的音樂從許多層面來看仍是待解的謎。無疑地，西貝流士早已成為芬蘭藝術史上的民族英雄，他的音樂對芬蘭意義重大，尤其是他的音樂確實以最不可思議的方式將芬蘭的土地精確的描寫出來，沒有任何一位作曲家可以向西貝流士一般；完美的用音樂表現出來國家自然景觀之外，也深刻地刻畫出了那土地當中隱藏的感情。

尼爾森的音樂結構是以戲劇為核心的，即使他的交響曲也是如同一首器樂的歌劇；葛利格的音樂則是如同藝術歌曲般的音樂藝術形式，其本質是旋律的美好與喜悅，即使是他的管弦樂曲也處理的像是一首吟唱中的藝術歌曲般的輕盈感性。

然而西貝流士的音樂則與前者均不相同。

西貝流士的音樂核心理念（雖然他自己不願意多加說明）

---

18 菅野浩和，《北歐的巨匠–葛利格、尼爾森與西貝流士》，音樂之友出版社編輯，林勝儀翻譯，台北　美樂出版社，2002．p．102–105

似乎有更深沉的神祕主義，他所探討的是大自然與人類之間的關係，完全無關於所謂戲劇效果或是任何表面化的華麗效果，西貝流士的交響曲在形式上是由傳統逐漸走向音詩（交響詩）的結構，但是在內涵上而言，其交響曲所蘊含的神祕感迄今仍然獨步樂壇。任何人都可以輕易的在他的音樂之中找到宗教的意涵卻無法界定其所由，任何人都可以感受到西貝流式作品中的大自然的力量，但是到底那是大自然的憤怒還是寬容？是毀滅還是重建？則無人能夠斬釘截鐵的論斷。西貝流士的神祕論述的答案顯然都蘊藏在他的音樂之中，任何試圖專斷地去界定它的嘗試恐怕都不會成功，某些國族主義學者認為西貝流士的音樂就是單純的芬蘭音樂，清楚地描繪出芬蘭的湖泊與凍原等等自然奇景，這樣的觀察並沒有錯，但是卻沒有辦法解釋西貝流士作品當中的神祕主義。間單的說，西貝流士的音樂藝術觀已經不屬於十九世紀的範疇，而是一種以國族主義色彩為出發點的實驗性新音樂。

　　芬蘭的國土狹長，與俄羅斯相鄰，也與北歐強權瑞典接壤。自古以來芬蘭的民族命運總是與被侵略與被瓜分有關，十九世紀之前芬蘭屬於瑞典管轄，十九世紀初又遭割讓給俄羅斯帝國，芬蘭的國格正式獨立乃是在 1917 年帝俄傾覆之後的事，在這樣的歷史背景之下，當 1899 年西貝流士寫下愛國

音樂《芬蘭頌》以抗議帝俄的無裡政治箝制時，芬蘭人民熱烈的認同西貝流士是芬蘭民族英雄[19]。

筆者曾演出過的西貝流士交響曲包括編號第一、二、五、六與七這幾首交響曲，每一首都有若干特質是獨立存在的，沒有任何一首試圖重覆另一首說過的話。交響曲無疑是西貝流士的創作核心，因爲西貝流士內在的聲音是器樂形式的（他是傑出的小提琴手），交響曲是他最自在的創作領域[20]。

西貝流士偉大的《d 小調小提琴協奏曲》當然是一首百聽不厭的小提琴傑作，是一首觸及小提琴藝術核心的深邃作品。與其他經典的小提琴協奏曲相比，西貝流士的小提琴協奏曲似乎是以音樂來表達小提琴的本質，而非以小提琴爲表達音樂的工具而已。

國族主義音樂在北歐的發展似乎另闢蹊徑，在本土的關懷之中卻也不拘泥於素材的限制，反而在純音樂的路線上走得很深遠。也因此誕生了非常深邃的音樂藝術，啓發了新的時

---

19 《芬蘭頌》（Finlandia，Op．26）是西貝流士最爲世人熟知的樂曲，是芬蘭最重要的愛國歌曲。1899 年西貝流士爲戲劇配樂所作，1900 年爲抗議俄羅斯帝國試圖限制芬蘭自主權的粗暴正治動作，西貝流士修改原作，加強《芬蘭頌》的民族精神與反抗力量象徵，傳頌於世。然而《芬蘭頌》並非芬蘭國歌。芬蘭國歌是《Maamme》。

20 大衛・柏奈特 ── 詹姆斯（David Burnett–James），《偉大作曲家群像 ── 西貝流士》，陳大鈞翻譯，顏綠芬審定，台北 智庫股份有限公司，1996． p．100–101

代，也為國族主義音樂的實質內涵賦予更高層次的藝術精神。

北歐十九世紀時誕生的偉大音樂家們，雖然大都沒有脫離德奧音樂傳統的全方位影響，在作曲上的態度與手法上也傾向保守，但是在音樂的內涵以及主題的多元化方面貢獻良多，絕對不是所謂蕭規曹隨的藝術複製品，他們是北歐歷史上重要的資產，更是人類共同的文化瑰寶。

第四節　西班牙的音樂元素

西班牙的民族音樂風格是歐洲最有活力也最美麗的風景，在十五世紀西班牙文樂曾經是文藝復興時期最燦爛的明星，至於在音樂方面的成就，則是以世俗音樂如浪漫曲、田園歌曲等等影響了整個歐洲。從巴洛克時期之後，義大利的音樂風格成為古典音樂的指標，到了十八世紀，德國的純粹音樂高度發展而成為中歐與北歐的音樂領頭羊，除了英國致力於自己的語言與合唱風格，而法國則發展自己的戲劇與音樂風格之外，西班牙的音樂逐漸被邊緣化，早已不再是歐洲的主流之一了。

但是十九世紀的音樂風格轉變代來了轉機，西班牙的民族音樂風格成為十分熱門的音樂元素，例如俄羅斯音樂家林

姆斯基‧高沙可夫的作品《西班牙隨想曲》、法國作曲家夏布里耶《西班牙狂想曲》及拉威爾的《波麗露》都是著名的以西班牙元素為音樂核心的作品，不可否認的是，國際作曲家著眼於西班牙音樂可親的活潑特質，可以輕而易舉的為任何嚴謹的音樂作品添加愉快或是感性的特質。

　　西班牙在十五世紀末到十八世紀之前曾是海洋的霸主[21]，在哈布斯堡王朝的統治之下西班牙帝國戰爭不斷，國運逐漸走下坡。十八世紀西班牙由波旁王朝統治，拿破崙率領的法軍曾在十九世紀初占領一部分的西班牙地區，然而在法國勢力退出之後，西班牙反而陷入內政與殖民地統治上的多重麻煩，十九世紀時西班牙的問題並不是爭取政治獨立的戰爭，而是由一個曾擁有眾多殖民地的帝國逐漸喪失影響力的過程。由於西班牙一向是羅馬教廷的擁護者，虔誠的天主教國家，在音樂藝術的態度上較為保守，種種原因使得西班牙的音樂地位落居於邊陲。

　　十九世紀中葉西班牙知識份子對於這種落後的情形採取了一些新的觀念與做法，首先，是重新挖掘與肯定西班牙在文藝復興時期的藝術成就，第二，是努力發掘西班牙傳統的

21　西班牙是十五世紀至十八世紀最強盛的歐洲霸權，從 1492 年哥倫布率西班牙探險隊發現新大陸開始，西班牙在美洲建立許多殖民地，今日世界仍有數億人口使用西班牙文，為世界最重要語言之一。

民族音樂與舞蹈素材，發展西班牙的國族音樂[22]。

　　西班牙的民族音樂特色自成一格，非常的熱情，由於其無可取代的特殊舞蹈性節奏感和深具感染力的旋律，無人可以抵擋其魅力，不只是西班牙本土作曲家譜寫出了很多傑作，如前所述，西班牙風格影響所及也在歐洲其他國家樂壇留下了許多好作品。

　　十九世紀西班牙最有國際知名度的作曲家非法雅（Manuel de Falla，1876~1946）莫屬，他以管弦樂《西班牙花園之夜》、《愛情魔法》以及芭蕾舞組曲《三角帽》等作品揚名於世，然而西班牙的國族樂風並非始自於法雅，早在法雅誕生之前，西班牙作曲家暨音樂學學者佩德瑞爾（Felip Pedrell，1841~1922）已經在西班牙音樂尋根運動上卓然有成，法雅也是他的學生之一。佩德瑞爾的音樂核心完全是建立在西班牙本土素材之上，然而法雅則多了一些國際化的味道[23]。

　　阿爾班尼士（Isaac Manuel Francisco Albeniz，1860~1909）是另一位卓然有成的西班牙作曲家與鋼琴家，他與法雅一樣

22　佩德瑞爾是十九世紀西班牙音樂復興運動的重要啟蒙者，身兼作曲家與教師的身分，他曾直接指導法雅的音樂創作方向數年，對於確立西班牙民族主體藝術觀的理念推廣不遺餘力。

23　曾道雄，《法雅》，台北　水牛出版社，2003．p．27

都有很深的法國背景，儘管如此，阿爾班尼士的音樂被認爲是更深入且直接的與西班牙民族音樂素材連接的，阿爾班尼士學成之後浪跡天涯（並不誇張），累積了許多社會觀察。他也是在佩德瑞爾的啓發之下開始嚴肅的思考作曲價值的[24]。

筆者的職業生涯之中並未能有機會演出佩德瑞爾的歌劇，但是法雅的代表作芭蕾組曲《三角帽》以及《愛情魔法》都曾經數次參與演出，法雅的作曲語法與法國樂派的曲風相近，但是在配器方面則粗獷得多，更適合描寫從西班牙本土音樂爲出發點的音樂。阿爾班尼士的鋼琴作品最知名，管弦樂方面筆者參與過《西班牙狂想曲》的演出，感受到他的音樂並不以狂野取勝，而是寫實的西班牙平民風景素描，有濃濃的西班牙風味。

西班牙音樂元素對於小號的演奏風格而言是極有趣的影響，它意味著非常鮮明的節奏，帶有即興意味的旋律以及全然的熱情。西班牙音樂風格是拉丁式的音樂藝術（可以聯想到南美洲的熱情），它確實與德奧或北歐風格完全不同，倒是義大利或法國風格與西班牙風格有些許相通之處。

西班牙的國族音樂發展得來全不費功夫，因爲西班牙擁

---

24 《西洋音樂百科全書 —— 二十世紀音樂（上）》，陳玫琪等翻譯，台北 台灣麥克股份有限公司，1996．p．150

有豐富的文化根基,其風格元素特色早已受到全世界的喜愛
與借用了。

第五節 十九世紀英國重要作曲家

在所有有關十九世紀音樂風格的討論之中,英國似乎是
一個經常被忽略不談的國家,其原因十分清楚,因為英國的
嚴肅音樂風格極少有機會得以影響至英吉利海峽彼端的歐洲
大陸。事實上,英國自從都鐸王朝(Tudor dynasty)亨利第
八(HenryVIII,1491~1547)否認羅馬教廷的權威自立英國
國教之後,在政治與宗教上始終是自成一格。第二次世界大
戰時英國始終堅持隔海與德國相抗衡,最後贏得戰爭。今日
歐盟國家之中也只有英國仍然拒用歐元,而堅持使用英鎊為
貨幣。以上數端均可看出英倫三島不僅是地理位置與大陸分
離,其民族思維也與其他國家頗不相同。

十八與十九世紀約兩百年間英國是由漢諾威王室家族
(House of Hanover)統治〔二十世紀之後則由溫莎王室家族
(House of Windsor)統治〕。在這兩百年間在英國民間首先
發起工業革命(Industrial Revolution),並成功轉型為第一
個工業化國家,挾強大之國力成為殖民帝國,號稱「日不落

國」。這些歷史事實顯示出十九世紀是大英帝國在政治與軍事上最輝煌的時期[25]。

然而，在音樂發展上，大英帝國的表現卻不是如此光彩奪目。從十八世紀之後，英國作曲家僅有普賽爾（Henry Purcell，1659~1695）[26]與韓德爾（Georg Friedrich Handel，1685~1759）[27]擁有國際聲望，且先不談音樂神童普賽爾僅僅得年三十六歲的事實好了，看看國際知名的英文神劇作曲家韓德爾本人的國籍根本是德國子民一事，就可見一斑了。

在韓德爾過世之後，英國並未產生任何一位堪稱具有國際知名度的代表性作曲家，直到兩百年後艾爾加（Edward Elgar，1857~1934）的誕生，這種情形才改觀。

在討論英國作曲家艾爾加之前，筆者必須先探討一下英國音樂的部分特質，因為以艾爾加而言，儘管他被視為普賽爾之後兩百年間英國樂壇最舉足輕重的人物，但是他並未憑空地「創造」出英國十九世紀音樂風格，相反的，艾爾加是

---

25 盧建榮、江政寬，《世界文化史》，台北 五南圖書出版公司，2002·p·198，p·214

26 普賽爾是巴洛克時期英國唯一具有國際聲望的作曲家。他出身於宮廷音樂世家，父親生前擔任宮廷樂師，而普賽爾本人二十歲時即出任英國國王詹姆斯二世之西敏寺管風琴師，極受重用。他的歌劇代表作有《Dido and Aeneas》、《The Fairy Queen》與《King Arthur》。

27 韓德爾於1685年出生於德國薩克森地區，三十二歲時決定移居英國，直到他七十四歲病逝為止都在英國工作。曾得到英國安娜女王、喬治一世與喬治二世三位國王的重用。死後安葬西敏寺，極受尊崇。

繼承了英國音樂既存的風格與藝術神髓之後，再予以發揚光大的；因此，確實有必要先探討英國自十八世紀以來最珍貴的音樂傳統為何，方能更進一步了解十九世紀英國的音樂傳承為何。

首先，必須了解英國雖是採行君主立憲（constitutional monarchy）的第一個國家，但它直到近代之前都是一個封建且保守的社會，在這個階級嚴明的社會之中，孕育了人類近代最早的代議政治（representative politics），也發展了最早的工業化社會，然而，不可忽略英國的文學、戲劇與音樂的軟實力，英國民間藝文水準是極高的，這方面的證據極多，例如莎士比亞（William Shakespeare，1564~1616）的戲劇、蓬勃的音樂劇與話劇與完善的音樂教育與演奏產業等等，這些都是英國的強項。

英國人有十足的熱誠欣賞來自海外的音樂藝術，但是在一段時間之後，就會靜悄悄的把外來的藝術元素內化為英國自己的文化。韓德爾將義大利式歌劇帶到英國，大受歡迎，但是很快就被英國本土的「乞丐歌劇」（Beggar's Opera）[28]打

---

28 韓德爾在英國發展歌劇事業，首次嘗到敗績就是被《乞丐歌劇》打敗。《乞丐歌劇》於 1728 年上演，風行一時，其故事型態為平民諷刺劇，音樂則來自英國民歌小調，很類似現代音樂劇。劇本作者約翰·蓋伊（John Gay，1685~1732），音樂編曲 Johann Pepusch（1667~1752）。

得毫無招架之力，逼得韓德爾重拾神劇（德國新教教會之宗教劇）的題材，以英文福音書為歌詞上演，因而大獲成功。

任何音樂藝術形式在英國都可能受到歡迎，但是若想要得到長久的成功，非得要英國化不可。這就是英國人的民族自尊心了。

自普賽爾以來，合唱成為英國民眾最普遍喜愛的音樂表演形式，維也納樂派大師海頓在十八世紀末兩次拜訪倫敦都造成轟動，海頓也為熱愛交響曲的倫敦人寫了一系列的「倫敦交響曲」，然而，「熱愛交響曲」的倫敦人畢竟還是把交響曲放在一邊了，或許倫敦人在等待能以英國語法寫作交響曲的作曲家，總之絕對不是第二個海頓就是了。

有趣的是，海頓在倫敦期間也深深地被韓德爾留下的「英文神劇」感動了，尤其是合唱音樂的部分更是令大師印象深刻，第二次訪英結束後一返回維也納，海頓就寫下神劇《創世紀》（1797），此一經典作品當中的合唱最是輝煌，與海頓以往的作品相比，合唱的結構確實特別突出，這就是英國經驗的影響了。

英國式合唱的特色是密集和聲所創造的溫暖宏大感，聲部之間的關係十分緊密，歌詞咬字環環相扣，由於英文不像義大利文一般適合美聲唱法，因此在唱法與歌詞的安排上會

有更多唇齒音與念白咬字的發展，這也會創造另一種緊密的戲劇性。這種合唱的優勢發展也影響了器樂合奏的風格，百年以來，英國的樂團就以最佳的合奏技巧聞名於世，無論是室內樂或是大型管弦樂團都展現出細膩順暢的合奏觀念，這也歸功於幾乎所有英國兒童的第一堂音樂課往往就是合唱課的關係。合唱的技巧包括聆聽、咬字與聲部平衡等等都完全與合奏相通。

英國音樂的另外一個特色就是庶民的藝術歌曲風氣。英國著名小說作家珍・奧斯汀（Jane Austen，1775~1817）[29]的小說被認為是描寫十九世紀初英國人民（主要是仕紳階級）生活方式的寫實文學，她的每一本書都描寫了一些社交場合當中的音樂演出，間接說明了當時英國社會的音樂普及性，幾乎所有中等以上的家庭對子女的教養方式都包含音樂項目，書中的每一個（幾乎無一例外）年輕女士都會彈些鋼琴，並且能唱藝術歌曲。這並非捏造的情節，英國仕紳階級家庭居家與社交生活離不開音樂與舞蹈，音樂則是基本的教養之一。

筆者在此要強調的就是這種深入英國每一個角落的音樂風貌，這種普及性的音樂風貌不是學院派的，也不是所謂傳

---

29 珍・奧斯汀不只是英國最具代表性的女作家，其文學作品的影響力與知名度也是世界性的。珍・奧斯汀終身未嫁，得年僅四十一歲，然而她細膩與寫實的風格是時代的瑰寶。知名的小說包括《理性與感性》、《傲慢與偏見》與《愛瑪》等等。

統民謠，它應該是介於嚴肅音樂與傳統民歌之間，一種能夠反映英國風土民情的當代創作，一種怡情養性、悠然自得的社交音樂，這就是英國的庶民主義藝術歌曲的背景。

艾爾加是十九世紀最重要的英國作曲家，享有崇高的國際聲望，在艾爾加之前一百年，並沒有任何與他擁有相近成就的英國同胞作曲家。艾爾加的音樂至今仍然極受歡迎，經常有演出機會的作品包括《『謎』變奏曲》、《大提琴協奏曲》、《威風凜凜進行曲》系列與兩首交響曲等等，上述音樂筆者都曾經參與過演出，他是一位創作風格極為穩定的作曲家，聽眾只要聽見數小節音樂就能辨認出艾爾加的風格特徵，莊重、仁慈、厚重與溫暖的特質，即使是最輝煌的片段也不會失去上述的質感。

艾爾加的創作能量(作曲技巧)從何而來實在是一個謎！以研究他早期成長背景來看，艾爾加根本不曾接受過任何正規音樂教育，唯一的訓練是來自擔任小鎮風琴師（兼營樂器修理與買賣）的父親，並沒有跡象顯示艾爾加的父親有作曲方面的專長，因此唯一可能的推論，就是艾爾加是自學成功的音樂家，並且其自行摸索的過程長達三十年！

艾爾加在 1890 年之前並未發表任何重要作品，他自幼在父親的工作環境中吹吹打打，無所不學，雖然展露了不凡的

音樂天分，但仍然在完成了一般中等學校教育之後進入職場，擔任基層文員。十六歲時艾爾加面臨生涯第一個轉捩點，他轉換跑道回到自己最熱愛的音樂，成為教堂風琴手，合唱團指導與業餘作曲家，艾爾加度過了十五年這種小鎮樂師的生活，此時他並未有足夠的自信與技巧進行大型的創作計劃，但是必然在心裡囤積了許多英國色彩的音樂素材。

艾爾加生長於英國最典型的小鎮，從未受過外國當代潮流的影響，雖然他或許曾經在數次拜訪倫敦時聆聽過歐洲當代作曲家的作品，但是他日後的音樂語法完全都是英國式特質的想法，基本上這並不是他的選擇，而是他生長的環境與氛圍本就如此，艾爾加當然可以被歸類為國族主義作曲家，但是更要注意其音樂元素的純粹，艾爾加的音樂當中所有的英國風格並非附加其上的，而是本質如此。

有關艾爾加的創作歷程除了自修的成績之外，還有一個重要因素就是艾爾加的婚姻帶給他的正面鼓勵。雖然聽起來有些奇怪，但是艾爾加的作曲事業確實是婚後才開始的，而他的作曲事業也隨著妻子過世而歸於沉寂。唯一合理的解釋就是艾爾加夫人對於他的音樂創作有很強的影響力[30]。

---

30 賽門・蒙迪（Simond Mundy），《偉大作曲家群像–艾爾加》，黃幸華翻譯，台北 智庫股份有限公司，1996・p・144

　　艾爾加並不算早婚，相形之下他的夫人則顯得十分晚婚。艾爾加結婚時三十二歲，迎娶比他年長八歲的新娘羅伯特女士（Caroline Alice Roberts，1849~1920）。這是一個非常美好的婚姻，妻子出身高貴家庭，音樂與文學的素養極佳，不僅如此，她給予丈夫實質的支持與力量恐怕超出任何人的想像。一開始是由於艾爾加夫人獨具慧眼的勸告，艾爾加才有勇氣搬家到倫敦從事全職作曲家的事業，經過三十年努力建立輝煌的音樂成就之後，艾爾加夫人的過世使得艾爾加中斷了一切大型作曲計畫，平淡而低調的度過十四年餘生，在音樂史上，能與作曲家的創作能量如此緊密結合的婚姻關係，是極為少見的。

　　艾爾加最為人津津樂道的成就是以大型管弦樂發揚了英國音樂的底蘊，而艾爾加在大型管弦樂的組織架構上是以合唱的織度為基礎的，他十餘年的小鎮演奏教學與編曲的工作居然能磨練出如此深的音樂功力，實在驚人。他的貢獻還不只於此，在他之前還沒有任何一位英國近代作曲家能夠適當的以音樂同時表達平民與王室的情境，如此人道而溫暖的英國鄉居生活與輝煌的王室儀仗原本是十分相對的概念，但是在艾爾加的音樂中經常十分輕易的轉換，這使得艾爾加成為英國人最尊崇的音樂家，因為他們完全可以理解他的音樂，

並且藉由艾爾加的音樂界定（或提升）了英國自己的音樂。

　　英國國族主義音樂與十九世紀音樂潮流的火花在艾爾加之前雖是空前，但是在艾爾加之後卻是後繼有人，佛漢・威廉士（Ralph Vaughan–Wulliams，1872~1958）是英國第一個以發掘本土民謠與採集傳統歌謠為職志的音樂家，他與霍爾斯特（Gustav Holst，1874~1934）年齡相仿，志趣相同，兩人均出身英國皇家音樂院（1822 年成立），接受過正式的古典音樂訓練。他們的本土音樂理念比艾爾加更鮮明，立定志向要為英國民族之聲留下紀錄，他們都是旗幟鮮明的愛國音樂家。

　　任何管樂音樂家一定都演奏過佛漢・威廉士的《英國民謠組曲》（為管樂合奏）以及霍爾斯特的《管樂合奏第一組曲》與《管樂合奏第二組曲》這些優秀典雅的曲子，這是他們為英國蓬勃的管樂團訓練與演出的需要所作，不意日後成為全世界管樂團必演的經典之作，前文提到過英國的合唱或合奏的水準都是世界最優秀的，從這些作品之中亦可見端倪。

　　佛漢・威廉士最有份量的九首交響曲甚少有演出的機會，這些結構巨大的交響曲都是晚期浪漫派的結晶，卻較不引人注意，相較之下，他的藝術歌曲以及合唱音樂更加深入人心，演出也更頻繁。佛漢・威廉士晚年發表的《f 小調低

音號協奏曲》（1954）倒是經常可以聽到演出的曲目之一，非常富有民歌風格，很美的音樂[31]。

霍爾斯特最著名的管弦樂作品是《行星組曲》（1914），全曲分爲七個樂章，分別描寫當時天文學公認的太陽系七大行星。此時霍爾斯特的音樂語法仍未進入二十世紀新音樂的範圍，一切都還是調性的結構，直接的音樂描寫。

霍爾斯特的管弦樂語法具有非常卓越的對位技巧，明快的配器方式，尤其是在管樂部分的著墨極多，這當然顯示了他對於管樂器的特殊喜愛，也說明了霍爾斯特深厚的教育工作者背景，他終其一生均從事教職工作，作曲事業並非他的主要考量，真正打動他的是佛漢·威廉士英國本土民謠至上的理念，他們的努力確實成果斐然[32]。

十九世紀英國音樂的發展在歐洲整體而言並沒有得到適當的關注，這種現象或許有幾個因素，其一是英國的地理位置並非歐洲的樞紐，在歷史上確實較少見到位處邊陲地帶的海島國家在文化上擁有不凡的優越性，但是觀察文明史上英國曾擁有的強大海洋霸權，又不禁使人對這一點存疑！

---

31 《西洋音樂百科全書 —— 二十世紀音樂（上）》，陳玫琪等翻譯，台北 台灣麥克股份有限公司，1996，p．129

32 參閱 Antony Hopkins，《Great Composers》，London，Tiger Books International PLC，1989．P．376

其二則可能與宗教統轄有關，自十六世紀起英國國教的領袖都是英國國王兼任，與羅馬教廷或是新教之間的不同宗教系統可能造成交流的困難。然而既然新教徒與天主教會之間都能無礙的交流的話，似乎英國的宗教課題也不至於成為永久的阻礙。

筆者較信服的說法其實並非前述兩者，而是與英國文化的自給自足獨特性所產生的文化封閉性有關；這種文化封閉性才是歐洲其他地區難以將英國風格視為某種普遍性風格模型的原因。

義大利歌劇可以成為整個歐洲的戲劇音樂原型；維也納樂派可以成為古典音樂的典範，即使法國風格也可以成為全歐風行一時的模仿對象；名單之中唯獨不見英國音樂藝術的蹤影。

然而英國人民對於這種現象完全不以為意，他們並沒有文化焦慮症的症狀；英國藝術家擁有無與倫比的自信與驕傲，他們接受自己文化的所有面向，無論是好是壞。因為那就是英國味道；一種早已獨立自主，無須刻意追求民族自決的國族主義。

結　　論

　　經由前文的研究探討，發現十九世紀小號演奏風格的演變過程在音樂史進程之中走過一段極為漫長且豐富的旅程。

　　在銅管樂器家族長達數千年的發展史上，小號的型制與演奏方法的革新從未停止，在自然小號主導的長遠歲月裡，曾經出現木號（cornetto）這種旋律性高音小號的音樂藝術，也曾在巴洛克時期發展出驚人的華彩超技吹奏法（clarino）；還有古典時期按鍵式小號（keyed trumpet）短暫的活躍或是伸縮小號（slide trumpet）的發明等等；無一不是為實現小號樂器改革的理想而來之努力。此一努力目標乃是在保有小號完整音色的前提之下進化成為完整的旋律樂器，得力於十八世紀末人類工業機械水準的突飛猛進，小號在十九世紀初成功的達成樂器革新的最高目標，以按鍵式與活塞式現代小號的改良晉身為完整旋律樂器，此一樂器革新之成就可說是十九世紀小號演奏風格演變最重要的基礎之一。

在音樂風格方面，十九世紀的音樂風格發展有數條主要軸線，維也納古典樂派的影響深遠，其代表性作曲家的經典作品一直到今日都歷久不衰，這是主軸之一。德奧浪漫樂派席捲歐洲的力量在華格納的新音樂理念出現之後正式分爲傳統與前衛兩大陣營，這種藝術觀點的分歧並未帶來毀滅，卻反而讓德奧音樂的力量更強大，華格納的音樂理念與其追隨者可謂第二條軸線。

第三條軸線則是歌劇的發展。歌劇是西方音樂自十七世紀以來最重要的表演形式，其藝術元素之豐富自不待言，義大利歌劇之傳承雖然可說是最重要的歌劇傳統，然而法國歌劇、德文歌劇（包括華格納樂劇）與後來的國族主義歌劇也都各自做出極大的貢獻。

而最後一條重要的軸線，就是十九世紀國族主義的興起。國族主義雖自古有之，然而十九世紀這種一致以西歐音樂格式與自家民族素材結合之大規模文化覺醒運動則是前所未有的，其成果更是極其繽紛多彩，美不勝收，深刻的影響了新時代的音樂發展方向，而其最重要的成就則是將古典音樂以最合理的方式與不同民族文化結合，從此古典音樂不再是單一文化區域的產物，而是世界上所有不同民族得以享有的共同資產。

　　小號在十九世紀初成功的樂器改革，恰好是大時代變動最劇烈的時候，也是多元音樂風格風起雲湧的時刻，小號演奏風格的翻轉之旅於焉展開，這段旅程開始於維也納樂派的孕育，經過德國浪漫樂派的擴張與法國語法的色彩感染，再加上義大利歌劇唯美精神的洗禮和寫實主義的震撼，終於在大時代的劇烈動盪之中跌跌撞撞的走出各種不同國族音樂的道路，這是一段驚心動魄的偉大旅程。

　　總結而言，十九世紀小號演奏風格演變的第一個特色是它快速與劇烈的變化幅度。小號在樂器學上的定義在十九世紀完全翻轉過來，從自然泛音樂器戲劇化的轉變為可完整演奏半音階的完整旋律樂器，此一成就在十九世紀之前數千年人類文明史上都從未達成。再者，小號以全新的角度被運用在各種音樂上成為常態之後，又順勢搭上了十九世紀音樂風格百花齊放的藝術大爆炸年代列車，無論是小號的外在改變創造了新風格，或是新的藝術風格改變了小號演奏方式，這種互相激盪的趨勢都創造了非常豐碩的音樂藝術果實。

　　小號的音樂定位在歷史上向來是被邊緣化的族群之一，即使小號的角色與重要性一直很堅定，但是千百年來作曲家始終不曾考慮將小號視為一個細膩而且表現力全面的樂器。因此小號在千百年來的主要音樂作品中幾乎毫無地位可言

（除了巴洛克時期之外）。這種情形事實上也加強了十九世紀小號演奏風格快速演變的反差。

觀察其他的主要樂器，更可以幫助理解此一風格反差的意義。無論是鍵盤樂器、弦樂器或是木管樂器，都在十九世紀之前達到了樂器演奏風格上的巔峰，也擁有無庸置疑的音樂成熟度了。十九世紀之後，上述樂器的演奏風格演變隨著藝術思維的變遷而產生了各種不同的色彩或音樂表現方式，但是這些手法完全沒有動搖或是扭轉原先的軌道，因為上述樂器本身已經具有很完整的演奏邏輯與學派了，它們的演奏風格演變是美學思想上的啟發與創新，而不是演奏方法邏輯的基本轉變。

然而小號所面臨的轉變除了在美學表現邏輯根本上的不同之外，還包括了基礎演奏方法的翻轉。十九世紀初的小號手必須學習操作新發展出來的現代小號，這已經是一個大工程了，但是這還遠遠不夠，他們更要學習目不暇給，日新月異的音樂作品風格，試想那是多麼不容易的挑戰！但是經由不可思議的努力與前瞻性眼光的催化，小號在極短的時間之內成功的證明了自己優越的音樂表現力。

在快速的發展優異音樂表現力之外，十九世紀小號演奏範疇發展的第二個特色就是小號多元的演奏風格幅度。小號

的跨界演奏能力在二十一世紀的今日自然是毫不奇怪的一件事了，但是在十九世紀時期，社會的嚴肅音樂與通俗音樂正快速的發展、解體與再融合之中，誰也料不到二十世紀音樂的降臨與美國爵士音樂的發展會如此快速，然而，正因爲小號的演奏學派包袱最資淺也最能適應改變的步調，小號得以快速的學習所有新的音樂元素並且反過來爲新元素提供養分，這個多元化發展的趨勢也是奠基於十九世紀的整體環境和努力。

第三個值得注意的特色是小號在傳統（或非傳統）音樂角色上的認可與深化。這無疑是小號在十九世紀當中最重要的發展與收穫。然而，必須注意的是這種音樂內涵的深化是小號相關議題之中進展較慢的一部分，它的進度完全不能與技術面的議題相比。

事實上，十九世紀根本沒有任何一位主要作曲家曾爲小號量身訂製協奏曲或是任何形式的獨奏曲目。這個難堪的事實說明了小號作爲嚴肅音樂獨奏樂器的地位並不存在於十九世紀的歐洲樂壇，小號所面臨的十九世紀的情形與十八世紀後半維也納樂派的情形是一致的！即使代表性作曲家對於小號的音樂表現力之評價大幅度的提升了，但是對於其全面的表現幅度依然是存疑的！

　　然而這個難堪的現象終究以其他的方式平反了，小號在十九世紀依然是樂團重要成員（角色更重要了），它也打進了室內樂與通俗音樂領域，管樂團的興起也拓寬了小號的舞台，而更可喜的是，小號成功的打開了通往大眾化需求的獨奏市場，在嚴肅音樂之外（包括嚴肅音樂）如雨後春筍一般出現的小號獨奏曲目彌補了長久以來不受重視的遺憾；小號還是在十九世紀末得到了音樂角色上的認可，此一成就並非全然由學院研究途徑得到，而是仰賴大眾音樂市場的磨練與考驗而來。

　　十九世紀小號演奏風格的發展就在極快速的進步與多元軸線的轉變當中，以豐富的面貌進入下一個世紀。從莫札特的最後作品《安魂曲》（1791）到威爾第的《安魂曲》（1874年首演）當中小號聲部的配器規模與音樂語法的運用來比較的話，其差距已如霄壤之別！貝多芬於1809年完成的《第五號鋼琴協奏曲〈皇帝〉》與拉威爾的《左手鋼琴協奏曲》其中的小號聲部的功能、音色與技巧各方面的要求差異性之大，無疑使人更加確定十九世紀的音樂風格在主客觀因素上，經歷了無比劇烈的翻轉與改變。

　　筆者試圖以音樂史、樂器學與音樂美學的角度建構小號演奏在十九世紀當中所經歷的轉變與挑戰，乃因深信樂器的

發展離不開藝術潮流的帶領，然而，在某些時刻當中，藝術思維也會受到樂器（包括演奏家）天賦的美好本質所影響而產生演變。因此，歷史與事件之間並非單向演進的狀態，而是互為表裡，彼此影響的。

　　本書的研究撰述工作在此告一段落，萬望筆者之拙見尚能為有識者提供一絲參考價值，並且能為小號相關研究書籍資料稍充一角，則不勝感荷之至。

參考著作

【中文參考書目】

1‧陳錫仁，《小號演奏藝術研究》，台北　樂韻出版社　2008‧

2‧鄧詩屏，《從巴哈到海頓時期的小號演奏風格演變》，台北　文史哲出版社　2008‧

3‧赫洛德‧荀伯格（Harold Schonberg），陳琳琳翻譯，《從巴洛克到古典樂派》　台北　萬象圖書公司　1998‧

4‧皆川達夫，吳憶帆翻譯，《巴洛克音樂》，台北　志文出版社‧博達著作權代理　1972‧

5‧赫洛德‧荀伯格（Harold Schonberg）《浪漫樂派》，陳琳琳翻譯，台北　萬象圖書股份有限公司　1998‧

6‧邵義強編譯《200 世界名歌劇》，〈韋伯〉，台北　天同出版社　1988‧

7‧葛利菲斯（Paul Griffiths），林勝儀翻譯，《現代音樂史》，

台北　全音樂譜出版社，1985．

8．曼佛列・華格納（Manfred Wagner），《安東・布魯克納生平與作品》，北京　中央音樂院出版社、2009．

9．佛萊德里赫・寇斯特（Friedrich・Kerst）編著，《莫札特其人其事》，潘保基翻譯，台北　世界文物出版社，1995．

10．李秀軍，《生與死的交響曲（馬勒的音樂世界）》，北京　生活・讀書・新知三聯書店，2005．

11．帕爾瑪（Robert Roswell Palmer），科爾頓（Joel Colton）合著，《現代世界史（上）》，孫小魯翻譯，台北　五南圖書出版公司，1990．

12．肯尼斯・克拉克（Kenneth Clark），《文明的腳印》，楊孟華翻譯，台北好時年出版社，1985．

13．久納慶一、菅野浩和等著，《白遼士》，林勝儀翻譯，台北　美樂出版社，2004．

14．周同芳，《佛瑞與法國藝術歌曲》，台北　全音樂譜出版社，1990．

15．《古諾「浮士德」：音樂分析・腳本・選曲》，人民音樂出版社編輯部，北京　人民音樂出版社，1991．

16．彼得・加蒙（Peter Gammond），《偉大作曲家群像 —— 奧芬巴哈》，余慕薌翻譯，台北　智庫出版社，1995．

17‧沈旋，《拉威爾：傑出的管弦樂色彩大師》，台北　世界文物出版社，2001‧

18‧高士彥，《威爾第：歌劇藝術大師》，台北　世界文物出版社，2001‧

19‧高士彥，《普契尼：不朽的義大利歌劇作曲家》，台北　世界文物出版社，2001‧

20‧王曾才，《西洋近代史》，中央研究院中美人文社會科學合作委員會，台北　正中書局，2003‧

21‧陳石嗣芬，《歷代名作曲家介紹》，台北　中國文化大學出版部，1983‧

22‧菅野浩和，《北歐的巨匠 ── 葛利格、尼爾森與西貝流士》，音樂之友出版社編輯，林勝儀翻譯，台北　美樂出版社，2002‧

23‧大衛‧柏奈特 ── 詹姆斯（David Burnett–James），《偉大作曲家群像 ── 西貝流士》，陳大鈞翻譯，顏綠芬審定，台北　智庫股份有限公司，1996‧

24‧曾道雄，《法雅》，台北　水牛出版社，2003‧

25‧盧建榮、江政寬，《世界文化史》，台北　五南圖書出版公司，2002‧

26‧賽門‧蒙迪（Simond Mundy），《偉大作曲家群像 ──

艾爾加》，黃幸華翻譯，台北　智庫股份有限公司，1996．

【英文參考書目】

1・Philip Bate，《The Trumpet and Trombone：An Outline of Their History、Development and Construction》，2nd edition．New York，Norton，1978．

2・Emilie Mende and Jean Pierre Mathez，《Pictorial Family Tree of Brass Instruments in Europe》，Bulle，Switzerland，Editions BIM．1978．

3・Theo Charlier，《Etudes Transcendantes》，Paris，Edition Musicals Alphonse Leduc，1989．

4・Burton Fisher，《Mascagni´s Cavalleria Rusticana，Leoncavallo's I Pagliacci》，Opera Journeys Publishing，2005．

【中文工具書目】

1・《西洋音樂百科全書 —— 浪漫時期音樂（上）》，陳樹熙等翻譯，台北　台灣麥克股份有限公司　1994．

2.《西洋音樂百科全書－十九世紀薪傳（下）》，〈音樂評論家韓斯利克（Eduard Hanslick，1825~1904）〉，周靈芝

等翻譯，台北　台灣麥克股份有限公司　1996．

3.《古典音樂 CD 百科（45）——「布魯克納 —— 交響曲鉅作」》，香港　迪茂國際出版公司，1997．

4．王沛綸，《音樂辭典》，台北　樂友書房，1969．

5.《西洋音樂百科（中文國際版）—— 牛津音樂辭典（上）》，葉綠娜、陳玫琪等翻譯，台北　台灣麥克股份有限公司，1996．

6．《西洋音樂百科全書 —— 十九世紀薪傳（上）》，陳樹熙、秋瑗翻譯，台北　台灣麥克股份有限公司，1995．

7．《古典音樂 CD 百科（20）——「聖賞 —— 法國樂壇的巨匠」》，香港　迪茂國際出版公司，1997．

8．《古典音樂 CD 百科（91）——「比才 —— 光芒萬丈的傑作」》，香港　迪茂國際出版公司，2000．

9．《西洋音樂百科全書 —— 二十世紀音樂（上）》〈保羅‧杜卡〉，施典志、林慕仲翻譯，台北　台灣麥克股份有限公司，1996．

10．《西洋音樂百科全書 —— 浪漫時期音樂（下）》，陳藍谷　秋瑗　金慶雲翻譯，台北　台灣麥克股份有限公司，1995．

11．朱秋華，《西方音樂史》北京大學出版社授權，香港　中

文大學出版社，2002．

12．《古典音樂 CD 百科（25）──「林姆斯基・高沙可夫–管弦樂的傑作」》，香港 迪茂國際出版公司，2000．

13．《古典音樂 CD 百科（40）── 柴可夫斯基 ── 管弦樂的傑作》，香港 迪茂國際出版公司，1998.

14．《古典音樂 CD 百科（26）── 柴可夫斯基 ── 浪漫樂派的名曲》，香港 迪茂國際出版公司，1997．

15．《古典音樂 CD 百科（94）── 李斯特 ── 浪漫主義的極致》，香港 迪茂國際出版公司，2000．

16．《古典音樂 CD 百科（37）–華格納–宏偉的歌劇傑作》，香港 迪茂國際出版公司，1998．

17．《古典音樂 CD 百科（27）── 史麥坦那 ── 波西米亞的民族精神》，香港 迪茂國際出版公司，1997．

18．《西洋音樂百科全書 ── 二十世紀音樂（上）》，陳玫琪等翻譯，台北 台灣麥克股份有限公司，1996．

【英文工具書目】

1．Don Michael Randel，《The New Harvard Dictionary of Music》，The Belknap Press of Harvard University Press．London，England，1986．

2 · Geoffrey Hindley，《The Larousse Encyclopedia of Musuc》，
　　Hamlyn Publishing Group，1971 ·

3. 《Great Composers》 ，Original material from Marshall
　　Carvendish Limited， London，Tiger Books international
　　PLG，1993 ·

4 · Neil Ardley，《An Illustrated Encyclopedia of Music》 ，
　　London，Hamlyn Publishing Group，1992 ·